VIE DE L'ADMIRABLE

SAINTE ALPAIS

VIERGE ET BERGÈRE

DU DIOCÈSE DE SENS

(1150 - 1211)

SE TROUVE:

A CUDOT-SAINTE-ALPAIS, par St-MARTIN-D'ORDON, (Yonne),
chez M. le Curé, à la *Salle des pèlerins*.
A SENS, chez M. Poulin-Rocher, libraire de l'Archevêché.
A AUXERRE, à la librairie Jeanne d'Arc.
A PARIS, chez Melle Besserve, libraire, 26, rue du F^g St-Honoré.
A NANTES, chez M. Thouroude, et chez M. Libaros, libraires.

Prix: 1 fr. 50 (franco)

CUDOT-SAINTE-ALPAIS:

GARE: — St-Julien-du-Sault, (yonne) — 12 kil.
BUREAU DE POSTE: — St-Martin-d'Ordon, (Yonne).
GARE: — Courtenay, (Loiret), — 12 kil.

INTÉRIEUR DE L'ÉGLISE DE Sᵗᵉ ALPAIS

VIE DE L'ADMIRABLE

SAINTE ALPAIS

VIERGE ET BERGÈRE DU DIOCÈSE DE SENS

(1150-1211)

PAR L'ABBÉ VICTOR MARTIN

Chanoine honoraire de Nantes et de Blois

DOCTEUR ÈS-LETTRES

Professeur aux Facultés catholiques d'Angers

DEUXIÈME ÉDITION

IMPRIMERIE DE SAINTE ALPAIS

A CUDOT-SAINTE-ALPAIS (YONNE)

1895

Ste Alpais, le 21 Avr 1896

À Monsieur Léopold Delisle

Directeur

de la

Bibliothèque Nationale

Hommage très respectueux
et reconnaissant du Curé
Chapelain de Ste Alpais

C. Boiselle
ch. L.

Le 8 mars 1895, nous soumettions la 2ᵐᵉ édition du présent ouvrage à l'approbation de Sa Grandeur Monseigneur l'Archevêque de Sens.

Voici le texte de notre lettre:

Monseigneur,

L'approbation et la bénédiction que Votre Grandeur a bien voulu donner, en novembre 1892, à la 1ʳᵉ édition de la *Vie populaire* de sainte Alpais, lui a porté bonheur, et le nom de notre Sainte a franchi les frontières et les océans, excitant partout l'admiration et l'amour de la vertu.

Depuis ce temps, Vous avez daigné venir, d'abord le 12 Juin 1894, faire connaissance plus intime avec votre sainte diocésaine, visiter sur place tout ce qui la rappelle, la prier près de sa châsse et de son tombeau vénérés.

Ensuite, Monseigneur, Vous êtes revenu le 9 oct. de la même année, ajouter à notre église si intéressante par ses souvenirs, le précieux caractère de la *Consécration* qui lui manquait.

J'ai l'honneur, Monseigneur, de Vous présenter aujourd'hui une épreuve de la 2me édition de la même vie, par le savant abbé MARTIN, augmentée d'une page sur la Consécration; — de la découverte providentielle du *cercueil* et du *corps* de Ste Alpais; — d'une description de la châsse; — de huit nouvelles vues d'intérieur et vignettes.

Nous serions heureux, toujours pour la gloire de notre Sainte, d'imprimer en tête de l'ouvrage, une nouvelle bénédiction qui portera le même bonheur à la 2me édition.

J'ai l'honneur d'être, avec un profond respect et une filiale reconnaissance,

Monseigneur,

de Votre Grandeur,

le très humble et très obéissant serviteur.

C. BOISELLE,
CHANOINE HONORAIRE DE SENS
CURÉ, GARDIEN DE Ste ALPAIS.

Le 11 mars, nous avions la joie de recevoir la lettre suivante, dont nous sommes profondément reconnaissant.

ARCHEVÊCHÉ
DE
SENS

Sens, le 11 mars 1895.

Cher Monsieur le Chanoine,

Je suis heureux de constater le succès qu'a obtenu la « VIE POPULAIRE » de la glorieuse sainte Alpais, par Monsieur le Chanoine Martin.

La nouvelle édition que vous préparez aura, Je l'espère, de nombreux lecteurs qui, admirant la Sainte de Cudot, rendront hommage aux généreux efforts de votre zèle pour rendre à l'église de l'humble bergère la splendeur qu'elle avait en des temps plus chrétiens.

C'est votre dévouement à cette tâche difficile, non moins que votre attachement à votre paroisse, que J'ai voulu récompenser en vous donnant le titre de Chanoine honoraire de ma Cathédrale.

En souhaitant un heureux résultat à votre pieuse entreprise, Je vous envoie, mon cher Chanoine, ma paternelle bénédiction.

✝ ETIENNE, ARCHEVÊQUE DE SENS.

PLACE DU SCEAU.

ÉVÊCHÉ

D'ORLÉANS

Orléans, le 26 novembre 1892.

Monsieur l'abbé,

Vous étiez certain de me causer une vraie joie en m'envoyant la vie de sainte Alpais que vous venez de composer.

Comme vous me l'écriviez, sainte Alpais est nôtre, & nous la vénérons comme une des glorieuses et puissantes protectrices du diocèse.

Sa vie réellement admirable, a déjà inspiré de nombreux travaux, et vous avez eu raison de citer très spécialement dans votre préface l'ouvrage si sérieux de M. l'abbé Tridon, curé-doyen de Charny. Il a sa place d'honneur dans nos bibliothèques. Mais il semblait utile de publier une vie abrégée, populaire, destinée à répandre dans nos campagnes la dévotion à la sainte Bergère.

Telle a été votre œuvre, et je vous en remercie.

Puisse la lecture de cette vie réveiller dans les âmes l'idée du surnaturel, montrer l'action de Dieu s'exerçant librement dans une âme docile, et réali-

sant avec éclat la parole de l'Apôtre: Infirma mundi
elegit Deus ut confundat fortia.

Que la protection de cette sainte Bergère couvre
nos campagnes, & que sa prière puissante nous ob-
tienne le retour à la foi de nos pères! C'est le but
que vous vous êtes proposé; c'est aussi le vœu le
plus ardent de mon cœur.

Veuillez agréer, Monsieur l'abbé, l'expression de
ma respectueuse reconnaissance et de mon religieux dévouement.

† PIERRE, EVÊQUE D'ORLÉANS.

EVÊCHÉ
DE
BLOIS

Blois, le 28 novembre 1892.

Mon cher Monsieur Martin,

On vous avait prié d'écrire en l'honneur de sainte
Alpais quelques pages bien simples, qui fussent en
quelque sorte l'écho de la dévotion populaire. Vous
avez répondu à cette invitation comme vous deviez
le faire; d'une plume alerte et gracieuse vous avez

tracé les récits les plus charmants et les plus propres à édifier.

J'ai lu pour ma part, avec un plaisir extrême , ce petit livre consacré à l'humble et sainte bergère du Gâtinais. Je me demande comment on eût pu rendre mieux cette physionomie à part, où l'on ne sait ce qu'il faut le plus admirer. Quelle humilité! Quelle patience! Quels élans d'un cœur virginal vers son divin époux! Et d'un autre côté, quelle vie merveilleuse avec ces visions célestes, ces extases continuelles, ces miracles sans nombre!

Bien d'autres, après moi, trouveront que le temps s'est écoulé trop rapidement dans cette lecture attrayante.

Je vous remercie, cher Monsieur Martin, ainsi que le digne curé qui s'est fait l'éditeur de ce pieux ouvrage, et je vous prie de croire à mon ancienne et bien sincère affection.

☩ CHARLES, Évêque de Blois.

ÉVÊCHÉ

DE

NEVERS

Nevers, le 24 février 1895.

Monsieur le curé,

Elle est vraiment admirable, la vie de sainte Alpais l'illustre patronne de votre paroisse.

A la vue des grâces extraordinaires accordées à
cette humble fille des champs, l'âme chrétienne est
saisie d'étonnement & d'admiration. Elle comprend
que vouloir imiter tout ce qui la frappe dans une
si merveilleuse existence, serait de sa part une
coupable témérité! mais elle voit bien aussi qu'elle
y peut recueillir une ample moisson de précieux
enseignements & de salutaires exemples. Souvent
elle se sent pressée d'invoquer une sainte en faveur
de laquelle Dieu a trop fait sur cette terre, pour
qu'elle ne jouisse pas d'un très grand crédit dans
le ciel.

Il faut donc féliciter & remercier le pieux et savant écrivain qui a su mettre en lumière, en la présentant sous une forme si simple et si attrayante, cette douce & gracieuse figure.

Ce charmant volume sorti de presses placées sous le patronage de la sainte Bergère dont se glorifie à bon droit le diocèse de Sens, contribuera puissamment, je n'en doute pas, à populariser son culte. Je souhaite qu'il se répande et trouve de nombreux lecteurs, en particulier dans le diocèse de Nevers.

Veuillez agréer, Monsieur le curé, l'assurance de mes sentiments respectueux et dévoués en N. S.

† ETIENNE, Evêque de Nevers,

PRÉFACE

Sainte Alpais, nous l'avouons, était pour nous une inconnue. Les livres, les manuscrits mis à notre disposition nous initièrent à sa vie merveilleuse, et nous inspirèrent aussitôt un sentiment de sympathique vénération pour l'ancienne bergère du Gâtinais.

On nous priait d'écrire en son honneur quelques pages bien simples, modeste écho de la dévotion populaire. Nous avons tâché de recueillir chez les anciens biographes ce qui semblait devoir offrir plus d'intérêt aux fidèles de nos jours. Notre opuscule renferme plusieurs légendes et de nombreux récits de visions et d'extases. Nous n'avions point à entreprendre d'érudites recherches pour discuter savamment tous ces faits d'ordre surnaturel: il nous suffisait de mettre en relief les précieux

détails fournis par les chroniqueurs du XII
et du XIIIe siècle. Ces chroniqueurs ont
les contemporains de notre sainte; ils ont
aminé et interrogé l'admirable extatique. Ce
que leur témoignage nous atteste, ils l'ont vu
de leurs propres yeux ou entendu de sa propre
bouche. Eux-mêmes étaient des chrétiens
pleins de foi, d'intelligence et de sagesse. Leur
parole mérite confiance; nous avons le droit
de nous édifier des pieuses choses qu'ils nous
redisent.

C'est dans l'espoir d'être utile aux âmes que
nous avons entrepris ce travail. Notre œuvre
est petite et humble, humble comme la douce
bergère à qui nous la consacrons. Sainte
Alpais ne refusera pas de bénir et le livre et
les lecteurs et même l'auteur. Puisse-t-elle
réserver une bénédiction spéciale à ce pays de
Sens qui fut le sien, où la foi fut jadis si vive,
où aujourd'hui encore battent tant de cœurs
généreux !

Voici les sources où nous avons puisé :

...uita venerabilis Alpaies, par un moine
...rtis, contemporain de sainte Alpais.
...crit du XIIIᵉ siècle, conservé à la biblio-
...ue de Chartres.

...Apothecarius, autre manuscrit du XIVᵉ
...cle, où se trouve une copie du premier,
...c quelques suppressions et des variantes.

3º Manuscrit du XIVᵉ siècle, à la bibliothè-
...e de Charleville.

4º Manuscrit du XVIᵉ siècle, à la bibliothè-
...e Stᵉ-Geneviève, à Paris.

5º Documents officiels du procès de canoni-
...tion de sainte Alpais, avec les témoignages,
...terrogatoires, rapports, animadversions, et
...décret de confirmation du culte.

6º *Vie de sainte Alpais de Cudot*, (au diocèse
...Sens), par M. l'abbé Boulet, curé de Tan-
...re, ancien curé de Cudot; — Auxerre,
...primerie Gallot, 1865; in-18, de IV-140
...ges, (avec indication des sources originales.)

7º *Une chronique du XIIᵉ siècle, . . . ou la vie*
...*veilleuse de sainte Alpaix de Cudot*, vierge du

pays sénonais, rédigée sur des manuscrits authentiques, contemporains de la sainte, par l'abbé Tridon, curé-doyen de Charny; 1866. — Sens, imprimerie Ch. Duchemin; in-8° de 123 pages.

8° *La vie merveilleuse de sainte Alpais de Cudot, vierge et bergère au XIIe siècle*, écrite d'après les monuments authentiques et les traditions locales, par l'abbé L. H. Tridon, curé-doyen de Charny (Yonne); — Avignon, Seguin frères, imprimeurs-éditeurs, 1886; in-8° de VI - 668 pages.

Ce superbe volume fait le plus grand honneur à l'érudition, et au zèle de son auteur. Comme cet ouvrage reproduit sans cesse les textes originaux, il nous aurait suffi, à lui seul, pour composer notre livre. Nous l'avons toujours eu sous les yeux; nous lui avons fait de nombreux emprunts, et nous offrons à M. l'abbé Tridon le trop juste tribut de notre reconnaissance.

9° *Les Saints de l'Église d'Orléans*, par l'abbé

Cochard, membre de la Commission
[histori]que. — Orléans, Herluison, libraire,
[...]in-12 de X-548 pages.

[...] Vie des Saints du diocèse de Sens et Auxerre,
[par] l'abbé Blondel, chanoine titulaire.—Sens,
[M]osdier, libraire, 1865; in-12 de XVIII-376
pages.

11° *Guide du pèlerin à l'église et au tombeau
[de] sainte Alpais*, à Cudot-Sainte-Alpais, par
[M]M. les abbés *** et Pierre Prieux; — im-
[p]rimerie de Sainte-Alpais, à Cudot-Ste-Alpais
(Yonne), 1891; in-12 de 111 pages.

1 — Mns 131 de la Bibliothèque de Chartres
2 — Apothecarius — Mns 51 de la Bibliothèque de Chartres
3 — Mns 77 de la Bibliothèque de Charleville

SAINTE ALPAIS

PRIEZ POUR NOUS

LES PREMIÈRES ANNÉES

L'enfance d'Alpais. — Trois légendes.

En ce temps-là, sous le souverain pontificat du pape Eugène III, notre pays de France avait pour chef le roi Louis VII. On était au milieu du douzième siècle, siècle aux violentes passions, mais à la foi ardente & généreuse. Une preuve éclatante de cette foi venait d'être donnée. Enthousiasmés par la prédication & les miracles de l'incomparable saint Bernard, nos guerriers de France, le roi en tête, avaient franchi d'immenses distances pour aller jusqu'en Terre-Sainte, défendre Jérusalem et le tombeau de Notre-Seigneur Jésus-Christ. Malheureusement, faute d'habileté, de concorde et de discipline, la croisade s'était achevée avec un petit succès; et après beaucoup de périls affrontés intrépidement, le roi Louis VII rentrait dans son royaume. Les guerriers qui revenaient avec lui n'étaient pas, il s'en fallait, aussi nombreux qu'au départ. Des milliers de leurs compagnons d'armes avaient succombé en Asie, tués par le glaive des infidèles, ou par les maladies, les fatigues, le climat brûlant. Mais, avec la foi si vive de cette époque, on plaignait moins ces vaillants morts qu'on ne les admirait. Chacun se disait: « Tout chrétien qui meurt à la croisade meurt pour son Dieu, et s'en va glorieusement et tout droit en paradis.»

La croisade se terminait donc en 1149. Cette année-là, ou l'année suivante 1150, naissait, au diocèse de Sens, dans une pauvre chaumière de laboureurs, une humble et chétive enfant. Elle reçut au baptême le nom d'Alpais. (1)

Plus tard, témoin des merveilles de sa vie,

______

(1) Ce nom d,Alpais, ou Alpaix, Alpaïs, Alpaïde, Aupeis, Aupaies, Aupes, Aupet...., était d'une origine très ancienne. Une petite fille de Charlemagne & la mère de Charles-Martel s'appelaient Alpaïde.

pieux biographe croyait découvrir dans le
nom d'Alpais le présage des choses prodigieuses qui devaient illustrer la sainte; «Cette
vierge sérénissime, écrit-il, fut appelée Alpais,
et le sens de ce nom couvenait bien à celle à
qui on le donnait. Alpais (en latin *Aupaies,
Aupes*) signifie *haute paix, (alta pax)*, ou *haute
espérance (alta spes)* ou *pieds en haut (altus pes)*;
car notre vierge, des *hauteurs* de la perfection,
annonce aux pénitents la paix; par la *hauteur*
de sa ferme *espérance*, elle se tient sur les som-
mets sublimes; par sa doctrine, elle *augmente
l'espérance* des croyants; enfin, du *pied* de sa con-
templation, elle s'élance vers les cieux.»
Quoiqu'en dise le pieux biographe, quand
naquit la petite Alpais nul n'aurait pu soupçonner quelle gloire Dieu lui destinait un jour.
Son père se nommait Bernard. Le nom de sa
mère ne nous a pas été conservé. Les parents
de la future sainte étaient de bons et honnêtes
chrétiens, servant le Seigneur de leur mieux
dans leur condition très modeste. Ils culti-

vaient un petit jardin et un champ de médio-
cre étendue; ils avaient deux bœufs, deux ou
trois vaches, quelques chèvres et quelques
brebis.

En quel endroit habitaient-ils? Cette question
a donné lieu à des discussions très savantes.

Sainte Alpais, affirment les Orléanais, est née
sur le territoire de Triguères, (1) alors paroisse
du diocèse de Sens, aujourd'hui paroisse du
diocèse d'Orléans. La chaumière de ses parents
s'élevait au hameau de la *Mardelle*, sur la pente
du coteau qui dessine la charmante vallée de
l'Ouanne. Les vieillards du pays, gardiens fidèles des antiques traditions locales, montrent
encore aux pèlerins les coteaux de la *Mardelle*
et le pré du moulin de *Courtoiseau*, et ils disent:
« Voilà où la sainte bergère conduisait jadis ses
chèvres et ses moutons.» Ils racontent ensuite
de gracieuses légendes, et enfin ils ajoutent:
« Voyez cette croix et cette inscription, qui vous

(1) Triguères est un gros bourg du Loiret, canton de Châteaurenard.

rent que sainte Alpais est bien d'ici » (1).

Non, certes, s'écrient les Sénonais; Alpais, vierge illustre, n'est point sortie de Triguères; elle est née chez nous, à Cudot, (2) là où on voit encore sa tombe, là où s'élève son église. Les prétentions de Triguères n'ont aucun fondement authentique; elles ne reposent sur aucun témoignage écrit, sur aucun monument ou document irréfragable. Nous avons au contraire, en faveur de Cudot, l'attestation formelle d'un contemporain dont l'autorité est hors de doute. Ce contemporain d'Alpais était moine de l'ordre de Citeaux, à l'abbaye des Echarlis, voisine de Cudot; il écrivait vers 1180, du vivant même de la sainte, qu'il avait pu voir cent fois; or voici ce qu'il dit: « *Virgo igitur serenissima, in villulá quâdam, quæ* Cudot *appellatur, juxtà Scarleias abbatiam ordinis Cisterciensis sita, pauperibus orta parentibus, proprio*

(1) Cette croix de fer, avec son inscription commémorative, fut érigée au hameau de la *Mardelle*, le 19 septembre 1875, et solennellement bénie par Mgr Coullié, alors coadjuteur d'Orléans, et aujourd'hui archevêque de Lyon.

(2) Cudot, diocèse de Sens, dept. de l'Yonne, canton de St-Julien-du-Sault.

nomine Aupaies est appellata: Cette Vierge sérénissime naquit dans un village nommé *Cudot*, village situé près des Echarlis, abbaye de l'ordre de Citeaux; ses parents étaient pauvres, et on lui donna le nom d'Aupaies. » (1) — Que pourrait-on alléguer contre un pareil témoignage? Aussi voyez la seconde page du Procès canonique de 1874, de ce Procès à la fin duquel le Saint-Siège approuva officiellement le culte immémorial rendu à notre sainte; cette page, imprimée à Rome, contient la phrase suivante: «*In oppido* CUDOTI, *diœcesis Senonensis, orta est ancilla Dei:* Dans le bourg de *Cudot*, diocèse de Sens, naquit la servante de Dieu.»

Le texte du procès ne prouve rien, répondent les Orléanais; le texte de la liturgie a une tout autre valeur; or que lisons-nous dans l'office de la sainte, office approuvé par Rome? Nous y lisons précisément que sainte Alpais

(1) Manuscrit du XIVe siècle, conservé à la bibliothèque de Charleville. — Cette phrase du manuscrit répond de la manière la plus précise et la plus catégorique à la question que se posait le vénérable auteur. Son titre était ainsi rédigé: «*Quo loco et quibus parentibus orta....En quel lieu et de quels parents naquit-elle...?* » Et la phrase suivante répond: « ELLE NAQUIT DANS UN VILLAGE NOMMÉ CUDOT. »

née à Triguères. Du reste nous ne prétendons pas que sa vie entière se passa chez nous.
Quand son père fut mort, elle s'en alla avec sa
famille demeurer à Cudot. Mais auparavant,
pendant des années, Alpais et les siens avaient
vécu au hameau de la *Mardelle;* une fontaine
n'y porte-t-elle pas encore le nom de Louis,
frère de la sainte? Et n'y raconte-t-on pas toujours comment la petite Alpais conduisait son
troupeau dans nos prairies; comment, assez
souvent, elle accompagnait sa mère au marché
de Châteaurenard; comment elle se plaisait
dans le silence de la campagne, cherchant la
solitude afin d'y prier plus à l'aise? Les dimanches et les jours de fêtes, au sortis des
offices, au lieu de jouer et de danser avec les
enfants de son âge, elle disait à ses frères:
«Allez vous amuser vous autres; je me charge
de vos bêtes; je les mènerai aux champs.»

Enfin, ajoutent les chrétiens de Triguères,
n'avons-nous pas, de date immémoriale, rendu
lui un culte religieux à notre sainte bergère?

Et n'avons-nous pas, dès notre enfance, entendu raconter sur elle les gracieuses légendes
mises en beaux vers par un de nos curés, M.
l'abbé Guiot? Ecoutez à votre tour, et vous
apprendrez comment nagèrent un jour les
moutons de sainte Alpais, et comment de son
tablier la bergère se fit un bateau.

Sur les bords enchantés où l'Ouanne captive
Baise en passant les fleurs qui naissent sur sa rive,
Et, comme en s'amusant, tourne, tourne sans fin,
Depuis quelques cents ans le *Moulin du Chemin*,
Il est une prairie ombreuse, solitaire,
Vallon délicieux, paradis de la terre,
Où Dieu, s'il descendait, fixerait son séjour.
C'est là que notre Alpais amenait, chaque jour,
Ses bien aimés agneaux, là que, sur l'herbe assise,
Pieuse elle filait, en regardant l'église.
  Or en ce même temps, un noble damoiseau,
Sire de Chêne-Arnoult, seigneur de Courtoiseau,
Du vieux moulin usé par les longues années
Faisait monter à neuf les meules condamnées,
Et pour cette grande œuvre un essaim d'ouvriers
Travaillait tout le jour. Quand ces hommes grossiers

Pour la première fois virent la jeune fille
Leur parler de Jésus de la Sainte Famille,
Ils sourirent d'abord, & puis jurèrent Dieu
Qu'Alpais cette sorcière un jour verrait beau jeu.
Oh! pour sûr ces gens-là n'étaient pas de Triguère
Ni de Châteaurenard, car la jeune bergère
N'avait que des amis en ville comme au bourg.
Or voici, j'en frémis, voici le vilain tour
Que ces cœurs mécréants firent à l'humble vierge.

Un jour qu'assez loin d'eux, en côtoyant la berge,
L'enfant cueillait des fleurs & des bouquets de thym
Pour en parer l'autel au jour de Saint Martin,
Ces hommes, ou plutôt ces possédés, dans l'onde
Qui, tout près de la vanne, était large & profonde,
Jetèrent les moutons jusqu'au dernier agneau.

Mais Dieu, par la faveur d'un prodige nouveau,
Permit que le troupeau, nageant à sa manière,
Sans mouiller sa toison, traversât la rivière.
Rangés sur l'autre bord, des yeux cherchant l'enfant
Les agneaux éperdus l'appelaient en bêlant.
Ils l'appelaient aussi, ces loups: « Holà, bergère,
Tes agneaux sont partis. Que va dire ta mère?

Sans répondre, on la vit lentement délier,
Pour l'étendre sur l'eau, son petit tablier.
Puis, l'œil au ciel, les mains jointes pour la prière,
Sur le tissu qui flotte elle vogue légère,

En disant dans son cœur: «Seigneur, assistez-moi!»
Et ce nouvel esquif, inventé par la foi,
Sous le souffle de Dieu poussé vers l'autre rive,
Dépose sur le bord la bergère naïve.
  Les méchants ouvriers, convertis pour le coup,
Lui demandant pardon, plièrent le genou.
Un pont semé de fleurs, subite passerelle,
Avec ses deux agneaux reçut la pastourelle.
Qui, retrouvant bientôt son gai rire d'enfant,
Vers son toit ramena le troupeau triomphant.

  Voici maintenant la légende de la fontaine
que sainte Alpais fit jaillir d'un coup de sa
quenouille.

  On était au mois d'août, la chaleur étouffante
Accablait du bon Dieu la petite servante.
  «J'ai, dit-elle, grand soif, au maître du moulin.»
—La belle, baissez-vous &, du creux de la main,
Vous pourrez à loisir puiser dans la rivière . . . . .
—«Mais la rivière est trouble & l'onde en est amère;
Voyez comme l'orage, en emplissant son lit,
En a fait un torrent par la vase sali.»
—Ma mie, à me prêcher vous perdez votre peine;
Pour prodiguer mon eau trop loin est la fontaine.
Allez à l'Hyvernais.

—Et garder mon troupeau? . . . .
Ah! donnez-moi, de grâce, un petit verre d'eau:
Jésus vous le rendra.

—Que Jésus te le donne,
Sans attendre qu'un jour il me paie en personne.
—Tu blasphèmes, impie; ouvre aujourd'hui les yeux,
Et sache que Jésus nous écoute des cieux . . . . »
D'un coup de sa quenouille, elle frappe la terre;
Une source en jaillit, dont l'onde vive & claire
Sur un tapis de fleurs, mince filet d'argent,
Dans le courant voisin se jette en murmurant.
Nous la connaissons tous cette eau fraîche & limpide
Où, pour la consacrer, trempant sa lèvre aride,
Ce Moïse nouveau laissait une vertu
Qui relève le corps par la fièvre abattu.
De la source bénie éternelle gardienne,
Alpais en est toujours la naïade chrétienne,
Et comme au bon vieux temps, dans les jours de l'été,
La foi vient y puiser & boire la santé.

Ajoutons cette troisième légende de Triguères, la légende des oiseaux que la bergère
mit tout d'un coup en cage:
C'était le jour de marché, sa mère en beaux habits
A la ville voisine allait porter des fruits.

«Alpais, ma chère enfant, voyez la chenevière:
Les oiseaux sont dedans & s'y donnent carrière;
Chassez, jusqu'au dernier, ces petits maraudeurs,
Qu'attirent du printemps les premières odeurs.»
Elle dit & s'en va. — Mais la pauvre petite
N'avait pas plutôt mis quelques oiseaux en fuite,
Que mille revenaient plus âpres, plus méchants,
Du bourg & du donjon, des arbres & des champs.
En vain elle courait, ardente, à perdre haleine;
En vain elle agitait son tablier de laine:
Les pillards s'en moquaient, chantant et fêtant tous
Des oiseaux du pays ce joyeux rendez-vous.
Bien qu'elle fût un ange, Alpais n'avait pas d'ailes
Pour mieux poursuivre au loin les oiseaux infidèles.
Epuisée, elle tombe à genoux, priant Dieu
Que lui-même, à sa place, il chasse de ce lieu
Ces oiseaux qu'il créa pour charmer la nature,
Et non pour dévaster sa richesse future.

Et puis la douce enfant se lève; mais soudain
Quel spectacle a frappé son regard incertain?
Le toit du cellier neuf, qui dressait devant elle,
Encore inachevé, sa charpente nouvelle,
Etait devenu cage où les pauvres oiseaux
Brisaient leur vol captif contre autant de barreaux,
Tous étaient prisonniers! Et dans la chenevière,
Pas le moindre oisillon ne restait en arrière,

Pas un vol au dehors, dans les bois, vers les cieux,
Pas un seul bruit d'oiseau dans l'air silencieux.
Mais dans l'arche nouvelle, où de Dieu la justice
A des petits voleurs consigné la malice,
Quel ramage bruyant! quel aspect enchanteur?
Quand leur vol inquiet, agité par la peur,
Sous les yeux de la sainte et de tout le village
Confondait à la fois leurs cris et leurs plumage!
Mais quand de son enfant apprenant la puissance
La mère eut au retour béni la Providence,
Notre Alpais mettant fin à leur captivité,
Aux coupables oiseaux rendit la liberté,
Non pas sans toutefois leur défendre au passage
De revenir jamais piller son héritage.

Malgré toutes les légendes et tous les pieux
souvenirs de Triguères, Cudot qui possède
le tombeau de sainte Alpais, se vante d'avoir
abrité aussi le berceau de la *sérénissime* bergère.
Nous avons cité plus haut le témoignage du
moine des Echarlis, contemporain de la sainte.
D'autres témoignages respectables pourraient
être apportés, ceux surtout qui se lisent dans
le très docte ouvrage publié récemment par M.
l'abbé Blanchon, curé-doyen de Marly-le-Roi.

De ces témoignages irréfutables, nous devons conclure que la question est définitivement tranchée: sainte Alpais est née à Cudot. Ce fait, désormais hors de doute, ne nous oblige nullement à rejeter les autres traditions pieuses dont Triguères se glorifie.

Dès son enfance, sainte Alpais fut un modèle de piété angélique et de laborieuse énergie. Soit à Triguères, soit à Cudot, elle aidait courageusement ses parents dans leurs travaux les plus pénibles. Elle était l'aînée; à ce titre elle prenait la plus rude tâche. Dès que ses jeunes frères purent garder au pré les vaches et les brebis, notre douce Alpais s'en alla avec son père au jardin et au champ. Le père dirigeait la charrue; sa fille, l'aiguillon à la main, hâtait et dirigeait les bœufs. Fallait-il engraisser le sol et apporter le fumier? Notre Alpais retirait de l'étable la litière des bestiaux. Si la charge était trop lourde, l'industrieuse enfant s'aidait de cordes et, à force d'efforts, parvenait à traîner jusqu'à l'endroit convenable le fardeau que ses bras n'auraient pu soutenir.

Humbles détails, assurément! Le vénérable moine des Echarlis a cru bon de ne pas les omettre. « La paisible vierge, ajoute-t-il, ne se plaignait jamais; elle se trouvait trop heureuse d'aider son père. En outre, de retour à la maison, Alpais, loin de se reposer, trouvait toujours moyen de se rendre utile; jamais elle ne demeurait inactive; l'oisiveté lui semblait la peste de l'âme. Sa journée finie, elle prolongeait sa veille afin de travailler encore.

«Cette enfant si énergique était douce et gracieuse, affable envers tout le monde. Dans les champs ou sur les chemins on la rencontrait toujours souriante. Jamais ses paroles, jamais ses actes ne blessèrent personne, ne furent pour autrui la cause d'un chagrin.

«Demeurait-elle à la maison? modestement assise, recueillie, silencieuse, intérieurement appliquée à Dieu seul, à qui seul avant tout elle voulait plaire, on la voyait, tendre vierge, adressant sans cesse à la Vierge Mère des invocations ardentes, le visage souvent inondé d'heureuses larmes.

« A peine à l'âge de l'adolescence, notre chère sainte montrait la maturité d'un vieillard blanchi par les ans. Chacun admirait ce merveilleux désaccord entre le petit nombre de ses années et le sérieux de ses goûts, la gravité de ses manières. Prédestinée à l'honneur d'une perfection éminente, Alpais n'avait jamais éprouvé et n'éprouvait encore d'autre inclination que l'amour paisible de la pureté virginale. Dès l'enfance elle s'était vouée tout entière à Jésus-Christ sans partage et sans retour. C'était Jésus-Christ qu'elle avait choisi pour l'époux divin de son âme, et chaque jour elle renouvelait à Jésus l'offrande sans tache d'elle-même. »

Ainsi commençait à s'entr'ouvrir cette fleur céleste. Bientôt elle allait s'épanouir dans toute sa radieuse beauté; mais d'abord il lui fallait affronter l'orage et s'incliner sous la tempête·

CHAPITRE DEUXIÈME

LES ÉPREUVES

Alpais orpheline. — La lèpre.

Au lendemain de sa douloureuse Passion, le soir même du jour où il était ressuscité triomphant, Notre-Seigneur daigna, sur la route d'Emmaüs, instruire et consoler deux disciples qui cheminaient tout désolés. Ces disciples ne pouvaient rien comprendre au mystère des ignominies et des souffrances acceptées par leur divin Maître: «Ne fallait-il pas cependant, leur dit Jésus, ne fallait-il pas que le Christ souffrît ces choses, et qu'il entrât ainsi dans sa gloire?» Ceci nous explique la raison des épreuves si rudes auxquelles Dieu soumet les âmes qu'il aime entre toutes. Plus leur croix ici-bas est lourde, plus leur récompense au ciel sera grande.

Ne soyons donc pas surpris des angoisses par lesquelles va passer Alpais, la douce bergère.

Depuis longtemps déjà l'énergique jeune fille travaillait au-delà de ses forces. Peu à peu elle se sentit défaillir. En vain elle essayait de lutter contre le mal, le mal était plus fort qu'elle.

Pour comble de malheur la mort s'abat sur la pauvre maison; elle frappe l'honnête Bernard, le chef et le soutien de la famille. Quels déchirements pour le cœur d'Alpais et quelle amère désolation! Elle perdait un excellent père qu'elle aimait d'une filiale tendresse; elle perdait en même temps son vrai protecteur, celui dont les bras laborieux gagnaient pour tous les siens le pain de chaque jour. Plus tard, dans sa vie extatique, à cette lumière surnaturelle où lui seront montrées tant de choses que l'œil humain ne saurait découvrir, il lui sera donné, un jour, de revoir son père bien-aimé. Transfiguré, vêtu de la robe blanche des élus, resplendissant des rayons de l'éternelle gloire, Bernard viendra au-devant de l'âme sanctifiée d'un jeune chrétien agonisant. Quelle joie ineffable alors pour notre Alpais! Mais nous n'en sommes encore qu'à l'heure poignante de la séparation. La jeune fille pleure toutes ses larmes, et ce qui augmente sa douleur, c'est que loin de pouvoir consoler sa mère et ses frères, elle sent qu'elle devient pour eux un très lourd fardeau.

En effet, la maladie qui la consume intérieurement se manifeste tout à coup au dehors. Et quelle maladie! Le visage se tuméfie, les chairs prennent une teinte livide, puis se noircissent; des ulcères se forment, ulcères purulents d'où s'exhale une odeur fétide.

C'est la lèpre! s'écrie-t-on. Or la lèpre inspirait à tous le plus profond dégoût et la plus profonde épouvante. Pour triompher de cette épouvante et de ce dégoût il fallait une vertu surhumaine.

Au siècle suivant, quand notre roi saint Louis montrait envers les lépreux son admirable charité, le peuple témoin d'un tel courage se signait pieusement et, les larmes aux yeux, disait: «Voyez donc ce qu'a fait le roi! Il a baisé la main d'un lépreux!»

La lèpre était contagieuse; aussi les infortunés qu'elle avait atteints se voyaient-ils bannis de la société. Il leur était interdit d'entrer dans une maison habitée, dans un moulin, dans un lieu où se cuisait le pain. Défense absolue de laver leurs vêtements et de se laver eux-mêmes aux rivières, ruisseaux, fontaines. Défense encore de traverser les sentiers étroits, de toucher aux enfants, de toucher sans gants à la corde d'un puits, de boire en d'aures vases que leur propre écuelle. Défense enfin d'entrer dans une église, sauf le jour de Pâques. Cependant il leur restait une suprême espérance, l'espérance du ciel; et le prêtre en prononçant sur eux, au nom de Dieu, la sentence redoutable, n'oubliait pas de les consoler par la pensée d'une vie meilleure: « Mon frère, disait-il, à souffrir grande tristesse, tribulation, maladie et autre adversité du monde, on parvient au royaume du paradis, où il n'y a nulle maladie ni adversité; là tous sont purs et nets, sans souillure ni tache, plus resplendissants que le soleil. Là vous irez, s'il plaît à Dieu, pourvu que vous soyez bon chrétien, et que vous supportiez patiemment cette adversité; Dieu vous en donne la grâce! Ainsi soit-il. »

Pour les lépreux ou *ladres*, on construisit des hôpitaux particuliers, appelés *léproseries* ou *ladreries*. Quand il n'y avait point de léproserie, les lépreux s'abritaient dans quelque pauvre logette, à distance suffisante des maisons. Une étroite enceinte formée de quelques pieux, reliés par des branchages et surmontés d'un toit de chaume, tel fut le réduit où notre sainte dut se réfugier désormais. Pendant deux ans, disent les traditions, elle put encore aller et venir, filer sa quenouille et garder son troupeau. Ce serait même alors qu'auraient eu lieu plusieurs

des miracles dont nous avons raconté les
légendes: la bergère, devenue lépreuse, n'ose
étancher sa soif à la rivière; en vain elle implore
la pitié d'ouvriers inhumains, qui précipitent
ses moutons dans l'Ouanne; la sainte lépreuse
plante sa quenouille en terre, tombe à genoux
et prie ardemment; du pied de la quenouille
jaillit une source limpide où elle se désaltère
à l'aise; puis voulant rejoindre ses brebis que
le courant a emportées vers l'autre rive, elle
détache son tablier, l'étend sur l'eau et sur ce
nouvel esquif traverse la rivière.

Mais après deux années le mal affreux de
notre sainte s'aggrava de telle sorte qu'il fallut
dire adieu tout à fait et aux brebis, et aux champs,
et à l'air pur du ciel. La pauvre Alpais n'eut
plus qu'à s'étendre dans sa logette mal close,
sur son misérable grabat, « grabat rude et dur,
dit le vieux chroniqueur, paille grossière, que
ne recouvraient ni couette de plumes, ni draps,
ni linge. » Quelle misère et quel abandon!
Pendant une année entière, la malade est

hors d'état de se lever, hors d'état de changer de position ! Son dos tout meurtri n'est plus qu'une plaie. Des ulcères hideux se forment partout le corps; les chairs putréfiées tombent par lambeaux; l'infection des ulcères soulève le cœur. Tout le monde s'écarte et fuit, même les frères de l'infortunée, même sa mère ! Sa mère, accablée de douleur et de honte, n'avait plus le courage de franchir le seuil de la case empestée; de temps à autre seulement elle s'approchait, et pour ne pas laisser sa fille mourir de faim, «elle lui jetait de loin, comme à un chien, un morceau de pain d'orge ! *Panem hordeaceum à longè, veluti cani, quandoque ci projiciebat.* »

Ainsi s'accomplissait en cette innocente chrétienne la prophétie du Psalmiste: «Il n'y a plus rien de sain dans ma chair, plus aucune paix dans mes os. Mes plaies se sont remplies de pourriture et de corruption; ma misère m'a courbée; la tristesse m'a accablée, et mon cœur s'est brisé de sanglots . . . . Mes amis et mes proches se sont dressés contre moi; les miens m'ont abandonnée et se sont retirés bien loin. » *(Psalm. 37)*

Voilà donc par quelles humiliations et quelles amertumes le Seigneur sanctifiait sa fidèle servante. Il allait bientôt la consoler et la glorifier.

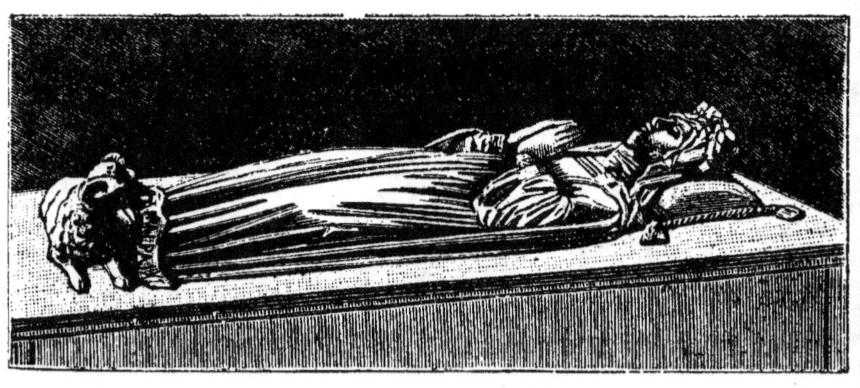

TOMBEAU DE SAINTE ALPAIS AVANT LE 13 FÉVRIER 1878.

CHAPITRE TROISIÈME

LA MISSION DIVINE

Admirable prière.—Annonce d'une mission.—

Apparition de la Sainte Vierge.—Guérison miraculeuse.

Le mal qui consumait la pauvre bergère semblait si effroyable que plusieurs se dirent: «C'est l'œuvre du démon!» C'était, tout au contraire, l'œuvre de Dieu. Ceux-là n'en doutèrent point qui, le samedi saint de cette année (1169), entendirent l'admirable prière que le Sauveur mit sur les lèvres d'Alpais.

«Je m'adresse à vous, disait la mourante, je m'adresse à vous, Seigneur Jésus, ma rédemption, ma miséricorde, mon salut, l'espoir de mon cœur, le soutien de mon âme.

«A vous, ma vie, ma lumière; à vous, fin dernière et but de mon être; à vous que par dessus tout je désire, vers qui avant tout je soupire, dont plus que de toute nourriture j'ai faim, plus que de tout breuvage j'ai soif; à vous, attrait souverain, vers qui se dirigent toutes les aspirations de mon âme; à vous, qui nous avez montré un amour tel qu'on n'en a jamais vu et qu'on n'en verra jamais!

«Votre justice ne nous devait rien, et vous n'avez point hésité à nous racheter au prix de votre sang, en vous laissant attacher à la croix, en livrant votre vie aux mains des impies. Pour vos meurtriers eux-mêmes votre bouche mourante a prié.

«Moi, votre indigne servante, je me souviens, non autant que je le dois, mais autant que je le puis, de votre passion et de votre croix. Je n'oublie point les soufflets, les dérisions, les crachats, les coups retentissants des fouets, ni vos blessures innombrables, endurées si volontairement, si humblement, si paisiblement, si patiemment.

«Vers vous, médecin de toutes les maladies,

gardien de tout ce qui demeure en santé, du fond de ma grande tribulation et angoisse justement due à mes péchés, j'ose élever mes vœux, mon cœur, mes yeux en larmes et mes cris, implorant quelque adoucissement à mes plaies, un reflet compatissant de votre commisération, en raison du poids effroyable de mes maux.

«Principe de toute pitié, source de toute bonté, pardonnez à une infortunée. Compassion immense, regardez mon malheur. Miséricorde universelle, contemplez ma misère, ne m'abandonnez pas à ceux qui demandent ma mort. Ouvrez-moi le sein de votre bonté et la porte de votre miséricorde; ressuscitez la vie d'une pauvre abandonnée demi-morte. Si je suis une misérable pécheresse, je suis néanmoins votre créature, votre créature rachetée par votre précieux trépas.

«Voyez ma détresse, secourez mon affliction: ô vous, tendre Sauveur, qui avez pleuré sur Lazare en putréfaction dans son tombeau, ayez

pitié de moi! Je vous le demande, Seigneur,
au nom de cette bonté ineffable avec laquelle
du haut de la croix où vous agonisiez, vous
daignâtes regarder la Vierge votre mère qui
pleurait, et confier sa garde à l'affection de votre
apôtre saint Jean.

« Guérissez-moi et je serai guérie, sauvez-moi
et je serai sauvée. Que je ne sois point jugée
trop méprisable pour être sauvée, n'ayant
point été jugée trop méprisable pour être rachetée! O Dieu, soyez-moi plutôt propice,
comme vous avez daigné l'être au larron pénitent, à la pécheresse repentante et à l'humble
publicain. Ainsi, aux siècles des siècles, je vous
rendrai grâces d'avoir été le Créateur et le
Sauveur de mon âme, et je vous louerai aussi
d'avoir été l'auteur et le rastaurateur de mon
corps. Amen! »

A une telle prière le Seigneur infiniment
bon ne pouvait être insensible. Il contempla
d'un regard d'amour cette âme si généreuse et
si pure, et il daigna lui manifester qu'il était là

auprès d'elle. Comment eut lieu cette manifestation ineffable? Ne fut-ce qu'une touche intime de la grâce, qu'une effusion de joie céleste dans le cœur de notre douce Alpais? Y eut-il, au contraire, apparition réelle de l'adorable humanité de Jésus ressuscité, et l'humble vierge vit-elle de ses yeux de chair Celui que les anges contemplent et adorent au ciel? Nous ne savons. Le vieux chroniqueur se sert d'expressions qui semblent indiquer qu'il y eut une apparition véritable, dans le sens propre du mot. « Le Père des miséricordes, dit-il, le Dieu de toute consolation fut touché de la patience d'Alpais, eut pitié de son angoisse et de la douleur de ses parents; et le samedi saint, veille de Pâques, il la visita seul à seul et la consola par l'annonce de sa glorieuse mission: *«revisens solam solus, per gloriosum nuntium suum consolabatur.»*

Cette mission glorieuse devait être annoncée à la pieuse malade par la Reine du Ciel. A peine Notre-Seigneur eut-il cessé de faire sentir sa divine présence, que, sous son inspiration, la pieuse malade adressa à la Très-Sainte Vierge cette ardente prière:

« O sainte Mère de Dieu, Temple où habita le Salut, c'est vous, Sanctuaire de clémence, Fontaine de miséricorde, qu'ose implorer votre pauvre servante, couverte de plaies et de hideux ulcères. Daignez par vos mérites tout puissants obtenir ma guérison. Car, ô ma douce Maîtresse, j'ai horreur de moi-même. Guérissez mon infirmité repoussante. Que ceux qui m'approchent ne sentent plus cette odeur abominable. Pauvre délaissée, abandonnée de tous, il ne me reste plus que vous. C'est à vous que je me donne. Laissez-vous fléchir par mes souffrances et par mes larmes. J'ose vous en conjurer, apparaissez à mes yeux! Que je voie la beauté de votre visage, et tous mes désirs seront comblés. »

Une telle demande prouvait une confiance toute filiale. La divine Mère de Jésus daigna l'exaucer. Tout à coup la misérable cabane fut inondée d'une éblouissante lumière, et, « belle comme une belle gerbe des plus beaux lis», dit le chroniqueur, la Reine des anges apparut aux yeux ravis de la pauvre malade. «Alpais, lui dit-elle, c'est moi! n'aie aucune crainte, tu es bienheureuse! Je suis la Reine de la miséricorde, ton avocate céleste, que tu as aimée de tout ton cœur, que tu as invoquée tant de fois aux jours de ton angoisse. Donne-moi ta main, ma fille; et puisque tu as enduré en humilité et patience tes longues et cruelles douleurs, reçois par moi la guérison. Dès ton enfance tu m'as consacré ta virginité, et tu l'as conservée sans tache et sans souillure. Aussi sur toi se réjouissent dans les cieux les âmes des vierges qui forment mon cortège; ces vierges dont, après l'exil de cette vie, tu viendras goûter le bonheur. »

A ces mots, la jeune malade tressaille d'allégresse: »O Vierge Reine, s'écrie-t-elle, ô mon espoir, mon salut et ma grâce, qui suis-je, moi misérable, pour que vous daigniez descendre

si bas jusqu'à une infortunée justement accablée de maux à cause de ses péchés? je ne saurais
tendre vers vous mes mains, la pourriture
dévorante les a rongées, et elles ne tiennent
presque plus à mes bras. Néanmoins, ô Mère
de bonté, si tel est votre désir, prenez-les.
Maintenant que j'ai vu votre visage dont la
beauté efface la splendeur du soleil, je ne sens
plus de souffrances. Maintenant je chante en
mon âme! Nul regret d'avoir tant pâti, puisque,
après toutes mes larmes, j'ai pu obtenir votre
radieuse vision!»

Alors la miséricordieuse Mère de Jésus prend
dans ses mains divines les mains putréfiées de
la malade; puis elle touche chaque plaie, chaque
ulcère; à cet attouchement céleste toute plaie
se ferme, tout ulcère se cicatrise, toute chair
redevient saine; c'est comme un corps nouveau.
Alpais est délivrée de ce qui inspirait aux siens
tant de répulsion et de dégoût. Recouvre-t-elle
ses forces complètes? Non. Elle doit continuer
à vivre languissante et mourante; toujours

étendue sur sa couche elle sera pour les anges et les hommes un prodigieux spectacle. Des joies surhumaines consoleront son âme, et une foule d'autres âmes seront par elle conduites à Dieu. Tout ceci est aussitôt révélé à Alpais par sa toute-puissante protectrice.

« J'ai, lui dit Celle-ci, des faveurs plus grandes à t'accorder. En récompense de ta résignation si longue et de ta patience si entière, tu ne te nourriras plus que d'une nourriture spirituelle et angélique. Ni la faim ni la soif ne se feront pour toi sentir. Dès que tu auras goûté une seule fois le pain des cieux, bu une seule fois à la source vivante, tu demeureras à jamais rassasiée.

«Ce n'est pas tout, ma fille.

«Le Seigneur Jésus-Christ, mon fils t'enverra de temps en temps, principalemeut aux époques des fêtes, des consolations ineffables. Tandis qu'un doux et paisible sommeil reposera ton corps, ton âme contemplera l'immensité du ciel, le Roi des rois dans sa majesté, les neuf

chœurs resplendissants des anges, la foule
triomphante des saints, le chœur brillant des
vierges qui, à cause de toi, se réjouissent,
attendant ta venue au milieu d'elles. De la
même manière tu verras en esprit, & sans
éprouver de souffrances, ce qu'endurent les
méchants au fond des gouffres de l'enfer: le
feu opaque & inextinguible, les supplices in-
finis, les ténèbres éternelles, les spectres noirs
des démons acharnés sur leurs victimes; tu
entendras les gémissements, les sanglots, les
cris désespérés. De toutes ces choses parle aux
hommes qui t'entourent, les avertissant de
faire pénitence de leurs péchés, afin qu'ils
évitent les châtiments de l'abîme.

« Adieu, dit enfin la Très Sainte Vierge,
Adieu, je finis. Sous ma garde & sous la garde
de mon fils je te laisse, & je remonte aux
cieux. Pour le salut de beaucoup, tu dois un
peu de temps rester ici-bas. Courage! Bientôt
tu viendras me rejoindre. »

En achevant ces mots la Reine des anges

disparaît. Un parfum d'une suavité exquise embaume la pauvre cabane. L'heureuse Alpais fond en larmes, larmes de joie & de reconnaissance, & dans un hymne enthousiaste elle redit les merveilles qui viennent de s'accomplir.

APPARITION DE LA Sᵗᵉ VIERGE A Sᵗᵉ ALPAIS.

CHAPITRE QUATRIÈME

PREMIÈRES EXTASES

**Abstinence absolue.— La colombe céleste.—
Apparition de Notre-Seigneur,—de la Sainte Vierge.—
État extatique.— Mort mystique.**

Le lendemain, jour de Pâques, ce fut dans
le bourg de Cudot une étrange rumeur. Hommes & femmes, tous accouraient pour respirer
le céleste parfum, pour contempler ce miracle
de la lépreuse subitement guérie de ses plaies
infectes, pour écouter le récit des visions divines & des merveilles annoncées. La merveille qui étonna surtout le peuple fut le jeûne
absolu de la bergère. Alpais vécut désormais
sans prendre aucune nourriture. Dix ans plus
tard, le moine des Echarlis, témoin oculaire,

constatait hautement ce fait prodigieux:« Les siècles écoulés, écrit-il, n'ont jamais rien vu de pareil. Jusqu'à présent aucun mortel n'a pu montrer au monde une existence semblable. A-t-on jamais entendu dire qu'une jeune fille pût subsister sans aliment matériel pour réparer son corps fragile, sans nourriture terrestre pour soutenir sa vie?»

Un autre contemporain, Robert d'Auxerre, atteste la même chose: «En ce temps, dit-il, (1180) il y a au village de Cudot, sur le territoire de Sens, une jeune fille qui jouit au loin, et à bon droit, d'une grande célébrité. En elle éclate un glorieux miracle. On dit que, par faveur divine, il lui a été accordé de passer toute sa vie sans avoir besoin de sustenter son corps d'aucun aliment matériel. Déjà, depuis dix ans à peu près accomplis, la grâce de Dieu lui conserve ce privilége. Elle se nomme Alpais.»

Vingt ans après Robert d'Auxerre, en 1200, un autre contemporain, l'anglais Raoul, affirme que le fait inexplicable subsiste toujours: « A cette date, écrit-il (en 1200), dans le village de Cudot, territoire de l'archevêché de Sens, la vierge très sainte, nommée Alpais, n'avait absolument pris aucune nourriture et aucun breuvage depuis plus de trente ans. »

Les chroniqueurs ou historiens des âges suivants assurent que ce privilège insigne dura jusqu'à la mort de notre sainte, c'est-à-dire pendant quarante ans. Ainsi, pendant quarante années, des milliers de témoins virent de leurs yeux et admirèrent stupéfaits ce miracle de la grâce. Beaucoup de ces témoins cependant n'arrivaient qu'avec des doutes faciles à comprendre; plusieurs même avaient des soupçons très injurieux, des sentiments très hostiles. « Il n'y a là, se disaient-ils d'abord, qu'une pitoyable supercherie, ou une maladie étrange, ou une ruse du démon. » Mais bientôt, après une enquête minutieuse, après une surveillance de jour et de nuit, chacun fut obligé de convenir que ce jeûne si absolu et si prolongé ne pouvait s'expliquer par des moyens humains.

D'un autre côté, la sainteté de l'humble bergère prouvait que le démon n'avait rien à voir
en elle; l'intervention divine était donc de
toute évidence.

« Au commencement, raconte le principal
narrateur de cette vie merveilleuse, le moine
des Écharlis, au commencement, pour étouffer
des bruits fâcheux, l'accusant de possession
démoniaque, la vierge Alpais essaya de recevoir
en sa bouche, deux ou trois fois la semaine,
quelque peu d'un mets quelconque. Mais après
avoir longtemps tourné et retourné vainement
en sa bouche cette parcelle de nourriture, la
sainte fille était forcée de la rejeter entièrement,
impuissante à en rien retenir sinon le goût et
quelque petit reste de saveur. Pour le même
motif de soumission religieuse et d'humilité,
notre sainte, après le rejet forcé de l'aliment
qui lui était insupportable, acceptait quelques
gouttes de breuvage, mais en quantité si im-
perceptible qu'il est impossible d'assurer que

la moindre partie de ce breuvage pût dépasser ses lèvres. Moi qui écris ceci, je l'atteste, ayant porté à sa bouche, de mes propres mains, un peu de poisson rôti; aussitôt qu'elle en eut légèrement dégusté le suc et roulé un instant le morceau dans sa bouche, elle le cracha vite tout entier. De même advint-il d'un peu de vin que je lui présentai. Elle le rejeta si promptement qu'à peine pouvais-je croire qu'il eût seulement touché ses lèvres. De plus, ces inutiles essais lui donnaient immédiatement des nausées, des envies de vomir, comme en produisent les excès de table et les excès du vin.»

On cite des malades qui purent rester assez longtemps sans nourriture; encore, pour la plupart, prenaient-ils au moins quelques gouttes d'eau; mais ces malades n'avaient plus de la vie qu'une ombre; sans aucune vigueur, sans aucune énergie, assoupis presque sans cesse, ils parvenaient seulement à ne pas mourir tout à fait. Tel n'était point le cas de notre sainte bergère. Elle ne prenait aucune sorte d'aliment ni de breuvage, ni une miette de pain, ni une goutte d'eau. Néanmoins son doux visage, revêtu d'une surnaturelle beauté, semblait respirer une santé florissante. Ni traits retirés ni joues amaigries, ni regard éteint, ni pâleur livide.(1) Tout au contraire, carnation pleine et vermeille, lèvres souriantes, teint d'une fraîcheur admirable. Ses yeux brillaient d'un éclat surprenant; sa main droite, elle aussi, était belle et forte; mais, racontent les témoins de ces choses, sauf la tête, le buste et la main droite, tout le reste du corps de la sainte, maigre, de la plus effrayante maigreur, semblait comme atrophié, comme mort.(2)

---

(1) « Et lui print un tel désappétit qu'elle ne pouvait plus manger ni avaler aucune viande, ce qui la rendait si sèche et maigre que c'était chose étrange que de la voir; toutefois la beauté et bonne grâce de son visage ne fut en rien altérée sinon qu'elle était maigre, car semblaient toujours sortir de ses yeux des rayons de gloire qui esjouissaient les regardans. » (*Histoire générale du pays de Gâtinais, par Dom Guillaume Morin. 1630.)*

(2) « . . . . *præter caput et dexteram, membris cæteris sui rigore officii destitutis.* » (Robert d'Auxerre) — . . . . . *totum corpus, præter solam caput cum pectore, præmortuum fuerat et insensibile effectum.* » (Radulph. Coggeshall.)

Qui donc soutenait cette existence miraculeuse? C'était Notre-Seigneur lui-même qui daignait s'unir à son épouse par le mystère de la Sainte Eucharistie. Et encore la pieuse malade ne recevait-elle cette grâce qu'à des intervalles fort rares. Les prêtres n'osaient guère lui apporter la communion, sachant quels accidents provoquait en elle la moindre parcelle de nourriture. Quand, à certains jours de fête, ils voulaient combler les vœux de la sainte bergère, ils lui présentaient non pas une hostie entière, mais une parcelle minuscule, «comme une petite lentille.» Cette parcelle consacrée, Alpais ne l'absorbait qu'avec de très pénibles efforts, efforts mêlés d'inquiétudes poignantes, mais enfin elle l'absorbait; son estomac qui repoussait, sans exception aucune, toute espèce d'aliment, ne rejeta jamais la parcelle de la sainte hostie.

D'autres merveilles vont de plus en plus attirer les foules autour de la couche où repose l'épouse privilégiée de Jésus.

Le Jeudi saint suivant, la malade voit descendre sous son pauvre toit une belle colombe, plus blanche que la neige la plus éblouissante. L'aimable oiseau passe toute cette journée près de notre bergère, la caressant de son regard si doux, battant joyeusement des ailes, voletant çà & là comme une colombe pleinement heureuse. Il en fut ainsi toute la soirée jusque vers minuit. Le Vendredi saint commence. A partir de ce moment, la céleste colombe paraît toute triste. A l'heure de None surtout, heure de la mort du Christ, la colombe fait pitié à voir. La tête inclinée, les ailes tombantes, les plumes en désordre, hérissées, elle se traîne d'un vol lourd et pesant, fatiguée, hésitante, inquiète, poussant un gémissement plaintif. Même agitation et mêmes plaintes jusqu'à None du Samedi saint.

A cette heure là, veille de Pâques, l'Eglise catholique prélude à la fête des fêtes, à la solennité de la Résurrection du Seigneur. La colombe aussitôt se transfigure. Sa tête se redresse alerte et vive; du bec elle lisse avec soin son blanc plumage; ses ailes jettent d'éblouissants reflets; elle roucoule d'harmonieux murmures; elle s'élance d'un vol léger, en bonds rapides, en courbes gracieuses.

L'âme d'Alpais, vraie colombe de Jésus, avait éprouvé successivement, elle aussi, toutes les joies du Jeudi saint, toutes les tristesses et désolations du Vendredi saint, puis tous les enivrements de l'aurore de Pâques. Elle regardait, émue et ravie, l'oiseau céleste. Celui-ci semble enfin prendre son essor pour aller se perdre dans l'azur: tout à coup il s'abat devant la pauvre couchette. O prodige! ce n'est plus une colombe, c'est un pontife revêtu des ornements sacerdotaux; c'est le pontife Eternel. Son front est couronné d'un étincelant diadème; son visage resplendit comme le soleil. Sa main gauche soutient un merveilleux ciboire d'où s'exhale un parfum exquis. De la main droite il bénit la malade, la rassure, la console, lui donne la sainte communion, — non pas une parcelle d'hostie, mais une hostie entière,—lui adresse encore quelques paroles d'une ineffable bonté, puis reprenant cette forme de colombe, sous laquelle l'Esprit-Saint daigna paraître, il déploie ses ailes et s'envole vers les cieux.

Quarante jours plus tard, le matin de l'Ascension, autre apparition merveilleuse. La Très Sainte Vierge, Mère de Dieu, vient avec l'archange saint Michel et l'apôtre saint Jean. Celui-ci est revêtu des ornements sacerdotaux. Il ordonne à la malade de communier le dimanche suivant. Désormais, lui dit-il, il faudra recevoir non une parcelle d'hostie, mais une hostie entière. Le dimanche arrive: la malade n'ose rien dire, et ne communie, comme à l'ordinaire, qu'avec une très petite parcelle. La veille de la Pentecôte, seconde apparition de l'Evangéliste qui renouvelle son invitation. La timidité empêche encore Alpais d'avertir le prêtre. Sept jours plus tard, troisième apparition. Cette fois l'apôtre adresse à la malade de sévères reproches et commande d'obéir.

Le lendemain donc, quand le prêtre présente
à Alpais une minime particule, la vierge le
supplie de l'entendre en secret; elle lui raconte
humblement ce qui a eu lieu, et le conjure de
retourner à l'église chercher une hostie entière.
Le prêtre s'y refuse par prudence, mais le
dimanche suivant il apporte le quart d'une
hostie; le dimanche d'après il en apporte une
moitié; à son grand étonnement la malade
communie sans difficulté aucune; dès lors
Alpais communie avec une hostie entière.

Les merveilles succèdent aux merveilles.
La vie de l'épouse de Jésus n'est plus qu'une
vie en dehors des lois communes. Affranchie
de la servitude des sens, n'ayant plus jamais
faim que de son Dieu, n'ayant plus jamais soif
que de l'Eternelle beauté, la bergère de Cudot
est ravie dans des extases presque continuelles.
Ces extases se prolongent parfois huit jours,
quinze jours, trois semaines; quand elles s'in-
terrompent, c'est pour recommencer bientôt.
Aux yeux de ceux qui l'approchent, la vierge

étendue sur sa couche, semble dormir d'un profond sommeil. Mais son âme transportée dans des régions célestes, contemple les visions divines et les mystères manifestés aux élus. Le moine des Echarlis qui vit si souvent la bergère en extase, et qui l'interrogea mainte fois au nom de Dieu, nous dépeint avec une prudente circonspection l'état surnaturel dont il était l'attentif témoin:

« Dort-elle, écrit-il, n'est-elle qu'assoupie ? Non-seulement elle paraît dormir, mais elle semble ensevelie dans le sommeil de la mort. Etendue sur le dos, les yeux fermés, le corps entier immobile, inerte, vous la croiriez trépassée. Nulle respiration; le pouls ne bat plus. De sa bouche et de ses narines on approche la main, on approche un flambeau allumé: la main ne sent pas le moindre souffle, la lumière ne vacille pas. Une seule chose laisse supposer que la malade n'est pas morte: une teinte de rose colore toujours sa blanche figure.

« Que savez-vous de ce qui se passe en vous-même? demande-t-on à Alpais. Que sentez-vous, qu'éprouvez-vous?» —Et dans son angélique et humble simplicité, la vierge répond modestement:

« Suis-je ravie en esprit hors de mon corps, ou ne le suis-je point? Je n'ai pas la prétention d'oser le dire, je ne veux pas l'affirmer. Je n'en sais rien, Dieu le sait, Lui qui seul sait tout, qui me fait voir ce que je vois, durant cet état qui n'est, me semble-t-il, ni la veille ni le sommeil, et que j'appellerais plutôt une heureuse quiétude. Néanmoins, s'il est permis de le dire, et bien que je n'ose l'assurer, une fois il m'a semblé être ravie hors de mon corps.

« A quel instant précis, comment mon âme se dégagea-t-elle de mon corps? Je l'ignore·

« Cet effet du ravissement fut si prompt, si insensible!

« En un clin d'œil mon âme fut affranchie de sa chair, à peu près, il me semble, comme un voyageur pressé, courant sur le chemin et tout entier à sa course, laisse, sans s'en aper-

cevoir, glisser de ses épaules le manteau léger
qui les couvrait. Il n'a conscience de la chute
de son manteau qu'au moment où, se sentant
moins vêtu, et se retournant pour regarder
derrière lui, il aperçoit son vêtement gisant
à terre. Telle, si je ne me trompe, mon âme,
à mon insu, quitta soudain mon corps, et je
n'eus le sentiment de cela qu'au moment où,
dépouillée de sa chair, mon âme se mit à regarder ce corps, immobile en son lit. Elle
prenait plaisir à le considérer: elle le trouvait
très beau, très agréable à voir, ressentant en elle
la volonté de le ressaisir, et passant à l'acte,
quoique la charge fût lourde, elle se livrait
envers lui à des mouvements extrêmement
affectueux, comme si elle l'eût enveloppé de
son étreinte et couvert de ses tendres embras-
sements.

» Quand et comment — plus vite qu'on ne
saurait le dire — mon âme revint-elle à son
corps? Je ne m'en aperçus pas mieux. Il m'ar-
riva ce qui arrive au passager endormi dans

le navire qui le conduit doucement sur les flots jusqu'au port; s'éveillant seulement au rivage, il ne sait de quelle manière ni par quelles manœuvres le navire a abordé.»

Une seconde fois, notre extatique éprouva cet étrange sentiment de la séparation de l'âme et du corps. Les circonstances étaient tout autres et l'impression fut bien différente. Une crise de douleur terrible secouait violemment tous ses membres. La souffrance devint si intolérable que les liens de la vie se rompirent, et l'âme fut arrachée à son enveloppe de chair. Cette « âme séparée » se mit aussitôt à considérer attentivement son compagnon délaissé; il lui parut alors très laid, très repoussant, n'inspirant que la répulsion, que l'horreur.

Ce dernier récit nous apprend qu'Alpais, dans ses extases, n'était pas toujours appelée à goûter les joies, les enchantements du Paradis. Souvent, au contraire, elle ressentait d'étranges amertumes, de poignantes angoisses; et sans un secours surnaturel, ses forces eussent été brisées, son courage même eût défailli. C'est que, comme tant de saints et de saintes, Alpais devait reproduire ici-bas les traits de Jésus crucifié. Elle aussi était une victime, victime de patience, d'abnégation, d'humilité et d'amour. Comme le Sauveur au Jardin des Olives, il lui fallait boire jusqu'à la lie le calice de la Passion. Par intervalles seulement son cœur était inondé des consolations célestes, et un reflet de la gloire du Thabor illuminait son front.

Un jour, raconte le pieux narrateur, une jeune parente de la bergère — cette jeune fille se nommait Marie — ouvre la porte de la cabane d'Alpais & s'arrête stupéfaite: la cabane resplendissait d'une lumière éblouissante; le lit de la malade semblait un éclatant soleil avec mille rayons de feu.

A diverses reprises plusieurs témoins contemplèrent ce prodige; ils remarquèrent, en outre, un détail singulier: la cabane d'Alpais, triste & sombre réduit, s'éclairait le soir, très iblement, à la lueur fumeuse d'une lampe ustique. Quand la miraculeuse splendeur emblait s'éteindre par degrés, ainsi que s'é-eint au crépuscule la lumière du jour, la hétive lampe placée près du lit s'allumait telle-même, gardant pour ainsi dire la dernière tincelle des célestes clartés.

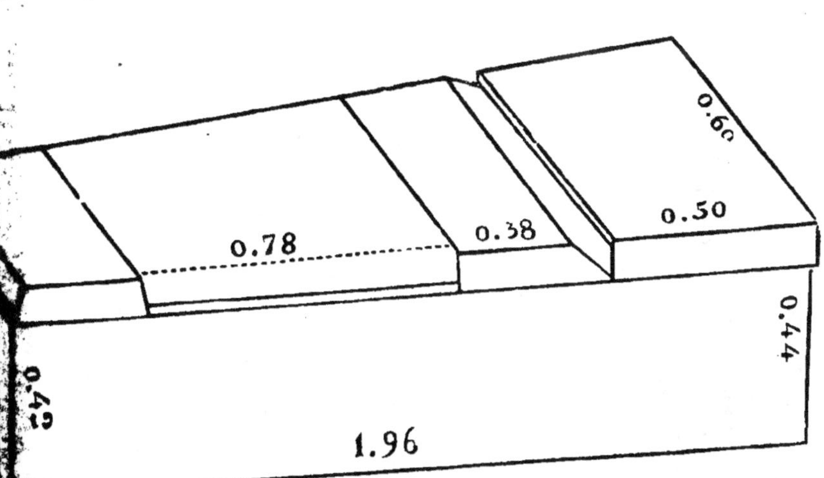

EN PIERRE, RENFERMANT LE CORPS ENTIER DE SAINTE ALPAIS, ... ÉE LE 3 NOVEMBRE 1211.—DÉCOUVERT LE 13 FÉVRIER 1878.— ... PAR ORDRE DE M⁹ʳ BERNADOU, ARCHEVÊQUE DE SENS, ET EN SA PRÉSENCE, LE 14 MARS 1878.

Sᵗᵉ Alpais communiée par N. S.

CHAPITRE CINQUIÈME

ALPAIS OPÈRE DES CHOSES PRODIGIEUSES

**Guérison d'une enfant.—Captive délivrée.—Le cancer.—
La comtesse de Châteaurenard.—Le cierge céleste.**

Dans tout le pays de Sens et d'Orléans, en
Champagne, en Bourgogne et bien loin, on
ne parlait plus que des surprenantes merveilles
qui s'accomplissaient sous l'humble toit de
la bergère de Cudot. Le simple peuple s'émut
tout d'abord: la foi des petits est prompte et
droite. Lorsque Notre-Seigneur prêchait son
Évangile dans les villes et bourgades de
Galilée, il affirmait sa divinité par de très
nombreux prodiges; ces prodiges irritaient les
scribes et les pharisiens, mais ils enthousias-
maient les foules. Ce fut aussi en faveur de

modestes chrétiennes que la douce bergè[re]
opéra, sans le vouloir, le premier de ses m[i]
racles.

Un jour arrive à Cudot, conduite par se[s]
parents, une enfant de neuf ans, muette d[e]
naissance. On la fait entrer dans la chambr[e]
d'Alpais, et ses parents supplient avec larme[s]
l'humble bergère d'intercéder pour elle auprè[s]
de Dieu. Tout à coup, mû par un profon[d]
sentiment de foi, l'un des assistants saisit l[a]
main d'Alpais, l'approche des lèvres de l'enfan[t]
et fait sur ses lèvres le signe de la croix. E[n]
vain Alpais résiste; ses doigts sont introduits[,]
malgré elle, dans la bouche de la petite muette[.]
Et aussitôt l'enfant se trouve guérie; elle parl[e]
d'une voix claire et intelligible, bénissan[t]
Dieu. Les parents, après avoir témoigné [à]
Alpais leur vive reconnaissance, reprennent[,]
en louant le Seigneur, le chemin de leur pays[.]

Vers la même époque, un farouche baron
des environs de Cudot, avait fait saisir et jete[r]
dans les fers un de ses gens, pour une dett[e]

dont celui-ci ne pouvait s'acquitter. Ce malheureux, après avoir longtemps souffert les traitements les plus cruels, promit à son seigneur, s'il voulait lui rendre la liberté, de lui apporter à une époque fixée, la somme qui lui était due. Comme garant de sa promesse, il lui livrait sa femme en ôtage. Sorti de prison, il s'en alla demandant l'aumône de porte en porte, afin de recueillir l'argent de sa rançon. Pendant ce temps, sa femme, jetée en prison à sa place, était chargée de lourdes chaînes et gardée à vue par des soldats.

Au jour convenu, l'infortuné débiteur n'ayant pu réunir la somme exigée, ne parut pas. Le baron furieux ordonna alors à ses gardes de frapper de coups de fouet leur prisonnière, et de lui faire subir cruellement le supplice de la soif et de la faim.

Dans sa détresse, cette malheureuse implore en sanglotant la miséricorde de Notre-Seigneur et de sa sainte Mère: « Seigneur Jésus, s'écrie-t-elle, salut des opprimés, libérateur des captifs, je n'ose, indigne pécheresse, lever les yeux vers vous, ni même prononcer votre saint Nom! O Marie, Vierge-Mère, je ne suis qu'une misérable pécheresse, et mes fautes ont mérité les châtiments que j'endure. Par moi-même, je n'ai aucun droit à votre compassion, et néanmoins vous êtes ma Souveraine, la Reine de la miséricorde. Je sollicite votre secours, au nom des mérites de la très sainte fille Alpais de Cudot, votre amie. Pour l'amour d'Alpais, délivrez-moi; j'irai lui porter de votre part ces fers qui étreignent mes pieds, et elle sera glorifiée avec vous et par vous!»

Une prière si pleine de foi est exaucée. Les chaînes de la captive tombent à ses pieds; elle se lève, passe devant ses gardes endormis profondément, sort de la prison à la faveur des ténèbres de la nuit, et se dirige droit vers Cudot. Là, elle va se jeter aux pieds d'Alpais; pleurant de joie elle lui raconte sa délivrance, lui présente ses fers rompus, et lui déclare que c'est en invoquant ses mérites qu'elle a obtenu du Ciel sa liberté.

L'humble bergère, en l'entendant parler ainsi, pousse de profonds soupirs. « Comment pouvez-vous, dit-elle, attribuer votre délivrance à mes prétendus mérites ? Ce miracle est arrivé à mon insu. C'est votre foi seule qui a obtenu sa récompense. »

Mais la prisonnière délivrée n'en continue pas moins à exprimer toute sa gratitude; elle suspend les chaînes au grabat d'Alpais, et son vœu dévotement accompli, elle retourne joyeuse vers les siens.

Alpais, confuse de cette scène, supplie sa mère de cacher ces chaînes dont la vue trouble son humilité; mais la nouvelle de ce miracle n'en est pas moins divulguée bientôt dans tout le pays.

Une femme très pauvre était dévorée par un mal affreux: un cancer horrible lui rongeait la moitié du corps. Elle vient se jeter au pied du lit de la Sainte: « Ayez pitié de moi, » s'écrie-t-elle, et elle éclate en gémissements & en sanglots. L'humble Alpais se récrie et proteste: «Qui suis-je pour vous secourir?dit-elle; ce n'est pas à moi, c'est à Dieu, à la Sainte Vierge Marie qu'il faut demander votre guérison. »

La misérable infirme redouble ses instances, pleure et supplie encore. Alpais toute confuse, ne sait plus que répondre. Auprès du lit se trouvait une respectable dame, venue là par dévotion. Elle prend la main d'Alpais, et malgré la résistance de celle-ci, la contraint à former un signe de croix sur les plaies cancéreuses. La guérison ne se produit pas sur le champ. Néanmoins l'infirme consolée sèche ses larmes & s'en retourne, le cœur plein d'espoir. Et en effet, sur le chemin de son village, elle sent comme l'impression d'une vertu divine; ses hideuses plaies se ferment subitement, les chairs redeviennent saines: l'horrible mal a disparu. Pleine de joie, la miraculée va se montrer à tous ceux qui la connaissent, et d'abord à la bonne dame qui avait obligé Alpais à accomplir ce grand prodige.

Vers ce temps là, une des plus puissantes dames de la région, la comtesse de Châteaurenard, était plongée dans un grand deuil; elle voyait mourir son fils bien-aimé, le jeune comte de Joigny. La comtesse désolée part sur-le-champ pour Cudot. Accompagnée du Révérend abbé des Echarlis, elle se précipite au pied du lit de la bergère: « Ayez compassion de moi, dit-elle, & puisque le Seigneur vous révèle tant de choses, demandez-lui si l'âme de mon enfant est sauvée. Est-elle au ciel, est-elle en Purgatoire? »

Surprise et confuse d'une telle requête, Alpais élève son cœur vers Dieu & est aussitôt ravie en extase. Pendant trois semaines elle reste comme endormie d'un mystique sommeil, et au réveil voici ce que l'obéissance l'oblige à raconter.

Son ange lui avait fait parcourir les milieux divers où la justice éternelle châtie les réprouvés, purifie les âmes non encore dignes de la vision béatifique, récompense enfin les élus. Le mercredi de la troisième semaine, Alpais, conduite par l'ange, traversait le Purgatoire. Là, dormait un marais profond, sombre, fangeux, infect, aux eaux lourdes et glacées. A côté de ces eaux affreuses, flamboyait une flamme terrible, flamme sans clarté, mais dévorante, immense, embrasant un espace aussi vaste que l'espace qui sépare la terre de la voûte du firmament.

D'innombrables âmes brûlaient dans ce feu, déchirées par des démons aux griffes ardentes, rongées en même temps jusque dans leur nature intime par des vers insatiables. Et quand le supplice des flammes était trop violent, trop cruel, ces malheureuses âmes se précipitaient dans le marais infect & glacial; et la rigueur du froid était si intense qu'elles se rejetaient dans l'épouvantable brasier.

Parmi ces âmes se trouvait celle du comte de Joigny. «La voici, dit l'ange. Avertis sa mère, recommande-lui de multiplier ses aumônes, de faire dire des messes, de faire prier beaucoup les prêtres. Ainsi sera soulagée cette pauvre âme. Un jour elle possédera le ciel, parce que, avant de finir sa vie terrestre, elle a confessé franchement ses péchés, et a reçu pieusement le corps sacré du Seigneur. »

«Mais, objecte Alpais, la comtesse me croira-t-elle? Car je ne pourrai lui donner aucune preuve de la vérité de mes paroles.»

A ces mots l'ange prend la main droite de la malade, étend son bras paralysé, lui fait saisir la baguette cintrée qui, au-dessus de sa tête, soutient le rideau du lit: «Voici, répond-il, le signe qui sera donné, & que la comtesse acceptera: Tu ne pourras détacher tes doigts de cette baguette avant les vêpres de la Bien-heureuse Vierge, avant les vêpres de samedi.»

Or on était au mercredi soir. Le Jeudi matin la mère d'Alpais entre et reste muette de surprise. Elle savait que depuis longtemps sa fille ne pouvait lever le bras, et elle la voyait, plongée dans le sommeil de l'extase, le bras fortement tendu et serrant de la main la baguette du lit. D'abord elle s'efforce de détacher cette main; les doigts résistent. La mère effrayée court chercher le prêtre. Celui-ci vient en hâte, mais il n'ose toucher la main de l'extatique, et la sainte malade reste dans cette position jusqu'au samedi dans l'après-midi. Le prêtre était revenu; près du lit de la sainte il commence la récitation de vêpres. La vierge s'éveille alors de son extase, pousse un gémissement, lâche la baguette du lit et laisse retomber son bras. Elle est épuisée. Pendant trois jours elle n'a pas la force de prononcer un seul mot. Enfin le quatrième jour, elle déclare ce que l'ange lui a montré, lui a appris. Quelle émotion pour la comtesse de Châteaurenard !

Plus tard, cette même comtesse eut une nouvelle preuve de la sainteté d'Alpais. Tombée très gravement malade, elle allait mourir; tout à coup elle se trouva guérie. L'humble Alpais, sans s'en douter, avait eu une grande part à cette guérison prodigieuse.

Comment était-ce arrivé ? Pour l'expliquer il nous faut raconter une de ces merveilleuses visions dont Alpais fut honorée si souvent. Le récit que nous allons reproduire fut très populaire au moyen-âge. Les foules croyantes de cette époque y trouvaient un charme particulier. Nous résumons la narration du moine des Echarlis.

« La veille de la fête de l'Assomption de la bienheureuse Marie, mère de Dieu, la malade s'endort d'un sommeil d'extase. Dans cette extase elle se sent emportée au ciel par son ange, et il lui est donné de contempler la cour céleste qui loue & exalte le Verbe divin, qui exalte aussi la Vierge-Mère, reine des saints et reine des anges.

« Tous les esprits célestes, & avec eux tous les élus, fêtent la glorieuse Assomption de la Mère du Christ. Devant le trône de l'Agneau, ils chantent un nouveau cantique; ils ont à la main des cierges dont la flamme est un rayon de la vraie lumière, de cette lumière qui n'éclaire pas seulement les objets matériels, mais qui pénètre jusqu'aux ténèbres des régions de la mort.

«Aux côtés de la Vierge-Mère se tiennent
debout, comme deux candélabres ardents, saint
Jean-Baptiste & saint Jean l'Évangéliste, portant eux aussi des cierges allumés. Seule au
milieu des Saints, Alpais reste sans flambeau.
Voyant cela de son doux regard, l'Évangéliste
vierge, Jean, l'apôtre de la très pure dilection,
fait un signe à l'ange d'Alpais, et l'ange donne
un cierge à la modeste bergère. Alpais prend
donc sa place dans cette solennité du Paradis,
à la suite de ces âmes bienheureuses qui res-
plendissent de la splendeur du soleil; et le
soleil dont elles sont comme pénétrées et re-
vêtues, c'est le Fils de la Vierge, l'Agneau
sans tache dont les roses et les lys redisent
les louanges.

«Et pendant que les élus et les anges font
retentir leurs mélodieux concerts, Notre-Dame
s'avance la première, seule, vers son divin Fils,
pour lui offrir avec amour son cierge magnifique. Après la reine des cieux, chaque ange,
chaque élu s'avance à son rang. Et la dernière

de toutes, Alpais, transfigurée par une joie infinie, présente son cierge au Fils de Dieu.

«Cet acte à peine accompli, notre bergère, malgré l'ivresse de l'extase, éprouve une sorte de trouble. Un regret subit vient tourmenter son cœur, le regret de ne pouvoir emporter sur la terre un des cierges célestes. Son ange voit sa pensée secrète, et compatissant à sa peine, détache d'un cierge un petit morceau qu'il lui remet.

«A ce moment, l'auguste Mère de Dieu s'approche de son divin Fils, et lui adresse cette prière pleine de confiance:

«O mon Fils, mon unique et ineffable joie, prêtez l'oreille aux chrétiens qui vous implorent. Jetez les yeux sur cette famille qui est la vôtre, sur cette famille que le souvenir de mon Assomption réunit aujourd'hui pour célébrer votre nom. Tous ceux qui sont ici présents, assurés déjà de leur félicité éternelle, possèdent sans rien craindre la souveraine béatitude. Soucieux cependant de leurs proches encore pèlerins sur la terre, ils ne peuvent goûter un bonheur parfait, tant que leurs parents bien-aimés, leurs fils, leurs sœurs, leurs frères, habitants de la vallée des pleurs, objet de leur attente, ne seront point venus, sous vos auspices, partager leur société, jouir de leur présence. Je vous prie donc, ô mon très doux Fils, pour tous les fidèles sans exception qui, sur terre, ont, d'un cœur pieux, dignement célébré la solennité de mon Assomption glorieuse. Accordez-leur la rémission de leurs péchés. Qu'à tous, mon intercession mérite, par votre grâce, de nous rejoindre en cette béatitude, associés aux chœurs angéliques, ô vous Dieu, qui vivez & êtes glorifié avec le Père et l'Esprit-Saint, dans les siècles des siècles.

«Et aussitôt la Reine des anges fléchit le genou. Toutes les milices célestes fléchissent le genou avec Elle et adorent le Fils de la Vierge. Jésus se lève dans sa majesté divine, déclare que la prière de sa Mère est exaucée, et fait asseoir Notre-Dame sur un trône royal, à côté de son propre trône. »

Pendant les huit jours de l'octave de l'Assomption, l'humble Alpais demeure ravie au ciel, compagne des épouses mystiques de l'Agneau. Le neuvième jour, son âme redescend sur la terre, et se réunit à son corps chétif. Chose surprenante! sa main tenait, étroitement serré, le morceau de cierge reçu au paradis. Ce fragment ne dépassait pas la main. Il fut vénéré ensuite comme une relique, et accomplit d'admirables guérisons, une entre autres, celle de la comtesse de Château-renard. Cette dame, nous l'avons dit déjà, était tombée dangereusement malade. On mit dans un peu de vin une parcelle du cierge céleste, la malade but ce vin et se trouva subitement guérie.

Plus tard cette vision merveilleuse se renouvela avec quelques détails différents. Voici le récit qui en fut fait par l'extatique elle-même, à un savant religieux cistercien venu exprès d'Allemagne pour l'entendre raconter. Ce religieux se nommait Dom Eustache, abbé d'Hermenrode, au diocèse de Trèves.

«Le deux février, fête de la Purification de Marie notre Dame, tous les prêtres et les fidèles s'étant éloignés pour assister aux offices, Alpais se trouva seule et délaissée. La tristesse gagna son âme et elle se dit: Te voilà donc solitaire, étendue sur ton pauvre lit, et il faut, contrairement aux usages de la Sainte Eglise, que tu passes un tel jour sans rien offrir en hommage à la bienheureuse Marie Mère de Dieu!»

«Et ces pensées remplissaient son cœur d'amertume. Tout à coup Dieu lui accorde une de ses admirables grâces. L'âme de la malade se dégage des entraves du corps, et sous la conduite de son ange, se transporte en un instant au sein de la céleste Jérusalem. Là se déroule une immense procession: patriarches, prophètes, apôtres, martyrs, confesseurs, vierges, et la foule des autres saints, tous rayonnants de gloire, s'avancent deux à deux,·

tenant en main des cierges allumés. Ils chantent ensemble les antiennes et les répons de la fête, selon le rite de l'église militante, et observent fidèlement les cérémonies prescrites par la liturgie. Alpais est introduite par son ange dans les rangs des bienheureux. Un beau cierge allumé lui est remis. A sa droite se tient une vierge à l'auréole radieuse. A la suite des élus, et présidant la procession, s'avance le Sauveur, Pontife éternel, mitre en tête, crosse en main, revêtu de tous les ornements des évêques. Auprès de lui marche sa très sainte Mère, dont l'ineffable beauté ravit les anges et les saints.

« A la troisième station, la procession céleste s'arrête, et Notre-Seigneur entonne l'antienne: « *Hodie beata Virgo Maria puerum Jesum præsentavit in templo.* — Aujourd'hui la bienheureuse Vierge Marie a présenté au temple l'enfant Jésus. »

« L'antienne achevée, la procession franchit le seuil du temple céleste, aux assises d'or ornées de perles. Alors toutes les voix chantent l'introït de la messe: «*Suscepimus, Deus, misericordiam tuam, in medio templi tui.* Nous avons reçu, ô Dieu, votre miséricorde au milieu de votre temple.»

« Le Sauveur cependant s'est avancé vers l'autel; après le *Kyrie eleïson*, chanté alternativement par deux chœurs, il entonne le *Gloria in excelsis*. La messe se continue. Saint Etienne, le premier martyr, lit l'épitre, tirée du prophète Malachie: *Ecce ego mitto Angelum meum:* Voici que j'envoie mon Ange.—Saint Jean l'Evangéliste, en dalmatique, lit à l'Evangile, le passage de Saint Luc: *Postquam impleti sunt dies purgationis Mariæ:* Quand furent accomplis les jours de la purification de Marie.—Après quoi, suivant la coutume de Citeaux, le divin officiant revient au degré du sanctuaire, et reçoit l'offrande des cierges allumés. Alpais, sachant bien qu'elle doit retourner sur la terre, désire ardemment garder son beau cierge. En vain l'ange lui fait signe de s'avancer à son rang; Alpais demeure immobile. L'ange rompt

alors le cierge de la bergère, en offre à l'officiant divin la partie supérieure, et laisse le
reste à l'extatique. La vision terminée, la malade se retrouve sur sa couche, serrant dans
sa main l'extrémité inférieure d'un cierge. »

Et le narrateur ajoute: « Ce morceau de
cierge fit ensuite des miracles, et il en fait
sans doute encore aujourd'hui. L'eau qu'on
verse dessus, est bue par les malades, et les
malades recouvrent la santé. »

CHAPITRE SIXIÈME

L'ARCHEVÊQUE DE SENS

Construction de l'église d'Alpais. — La recluse.

Les merveilles que nous avons racontées déjà, excitaient de plus en plus l'admiration des fidèles. Quel jugement en portait l'autorité ecclésiastique ?

L'archevêque de Sens était alors Guillaume de Champagne, beau-frère du roi de France Louis VII. Ce fut un des plus célèbres personnages de son temps. Élevé très jeune au siège épiscopal de Chartres, il était devenu archevêque de Sens. Il devait être ensuite légat du pape, archevêque de Reims, cardinal, et premier ministre de son illustre neveu le roi Philippe-Auguste.

Absorbé par les grandes affaires de l'Eglise et de l'Etat, l'archevêque Guillaume ne semblait prêter aucune attention à la malade de Cudot, sa chétive diocésaine. Se défiait-il, dans sa sagesse, de ces voies extraordinaires par lesquelles Alpais était conduite ? Hésitait-il à ajouter foi à toutes ces visions, à toutes ces extases dont parlait la renommée? Quand enfin il jugea le moment venu d'examiner ces choses, il voulut procéder avec la plus prudente circonspection. Convaincu qu'une enquête canonique était indispensable, il se dit que cette enquête devait être très sérieuse et très complète. Tout d'abord, en grand secret, il nomma une commission de dames, dames d'un âge mûr, intelligentes, sagaces. Les déléguées de l'archevêque partirent pour Cudot, et s'installèrent là, sans révéler à personne la mission confidentielle dont elles étaient chargées. Se donnant comme de pieuses pèlerines, attirées par le désir de s'édifier, elles restèrent là un mois entier, interrogeant tout le monde,

faisant mille et mille questions, notant minu-
tieusement toutes les réponses, s'inquiétant
des moindres détails. La cabane d'Alpais fut
examinée dans tous ses recoins; la malade
devint l'objet d'une surveillance scrupuleuse,
surveillance de jour et de nuit. Tout visiteur,
même prêtre ou moine, était épié, écouté,
suivi des yeux. Les dames *enquêteuses*, senti-
nelles vigilantes, toujours de garde, se rem-
plaçaient tour à tour, ne laissant jamais la
malade seule; entre elles, elles se communi-
quaient leurs remarques, leurs impressions,
leurs soupçons, et se contrôlaient ainsi mutuellement. Après un mois d'épreuve, elles
revinrent à Sens faire leur rapport. Ce rapport
confirmait tout ce qui avait été attesté déjà par
les prêtres de Cudot, par les religieux cisterciens
des Echarlis, par les théologiens, les médecins,
les savants. L'existence de la bergère ne s'expliquait que par une intervention divine. Toute
la partie inférieure de son corps, depuis la
poitrine, demeurait paralysée, atrophiée; les

fonctions de la vie animale ne s'accomplissaient pas et ne pouvaient s'accomplir; l'abstinence était absolue; et néanmoins le visage conservait sa beauté, ses fraîches couleurs, sa dignité et sa grâce. En même temps les facultés intellectuelles restaient entières. Un mot aimable terminait l'enquête. Voyant partir toutes ces dames, dont son ange sans doute, lui avait révélé la mission, Alpais leur dit avec son doux sourire: « Pourquoi, vous qui m'avez prodigué une charité si grande, ne m'avez-vous jamais offert une bouchée de pain, une goutte d'eau ? »

Un fait capital était désormais hors de doute, le fait de l'abstinence absolue, miraculeuse, de la bergère. L'archevêque de Sens s'étant ainsi formé une conviction entière, se rendit de sa personne à Cudot. Il entra, non sans émotion, dans la pauvre cabane, et parla à son humble diocésaine avec la plus paternelle bonté. Après quoi il lui déclara quelles résolutions il venait de prendre: Puisque Dieu opérait

en elle de telles merveilles, il fallait que les
chrétiens pussent profiter de ces grâces divines.
Des pèlerins sans nombre voudraient venir;
pour satisfaire leur piété une église était indispensable; cette église serait desservie par des
chanoines qui célébreraient les offices, et admi-
nistreraient les sacrements. Et afin qu'Alpais
elle-même retirât quelque consolation des
divins mystères, l'église serait construite de
telle sorte que la malade pourrait, de son lit,
assister à la messe, voir l'autel et le prêtre.

Alpais écoutait stupéfaite ces déclarations
de son archevêque. Son humilité s'épouvantait
du rôle qu'on semblait lui réserver. Elle pré-
férait mille fois rester dans son abandon et sa
misère. Penser qu'on viendrait vers elle comme
vers un but de pèlerinage, que sa chétive cabane
se transformerait en sanctuaire, quel sujet de
crainte et de confusion! «Seigneur archevêque,
dit-elle respectueusement, je n'oublie point
qui je suis, ni combien est basse ma naissance.
Convient-il de donner en spectacle au monde

la fille de si petites gens? Est-il possible d'obliger une malade, une paralytique, à recevoir toutes ces foules? Enfin est-il prudent d'exposer une misérable pécheresse aux tentations de la vaine gloire?»

Alpais se permettait donc contre les desseins de l'archevêque une triple objection : elle alléguait sa condition infime, puis sa maladie, puis le péril qu'allait courir son âme.

Le prélat admira la sagesse de la bergère, mais sa volonté était inébranlable; il passa outre. Retourné à Sens il mûrit ses plans, et en commença sans retard l'exécution. Des ouvriers maçons, charpentiers, etc., vinrent par son ordre à Cudot, et Alpais, dont on respecta religieusement la chambrette, entendit de son lit la terre se creuser, les pierres se tailler, les murailles s'élever, murailles de la future église, et des habitations destinées aux chanoines. L'église nouvelle englobait la cabane. Cette cabane perdait son toit de chaume, et se trouva recouverte par une voûte haute de sept mètres. D'un côté, une porte donna accès du dehors; d'un autre côté, une fenêtre s'ouvrit sur l'église, près de l'autel. De son lit la malade voyait le célébrant et assistait à la messe.(1)

Mais pendant toute cette construction, d'indicibles angoisses déchirèrent le cœur d'Alpais. Les cris des ouvriers, le bruit des marteaux et des pioches l'importunaient douloureusement. Elle avait besoin de recueillement et de silence; créée pour la vie contemplative, elle aspirait sans cesse à se reposer en Dieu. Tout ce tumulte la troublait. En outre, éclairée d'une lumière prophétique, elle voyait comme présentes les mille tribulations de l'avenir. A côté des bons prêtres de Cudot et des pieux Cisterciens des Echarlis, s'établiraient les chanoines augustins à qui l'archevêque con-

---

(1) Cette cabane, d'une surface de cinq mètres en carré, devait devenir, et est devenue, en effet, une chapelle de l'église qui l'enfermait; c'est aujourd'hui la chapelle de sainte Alpais, à droite du grand autel, du côté de l'évangile.

fiait l'œuvre du pèlerinage. Ces augustins
sortaient d'une abbaye déjà dégénérée de sa
ferveur première. Entre eux et les autres prêtres,
il y aurait, à propos du pèlerinage, des conflits
de juridiction, des froissements fâcheux.
Alpais en serait témoin; il lui faudrait intervenir sans cesse pour calmer les esprits et
rétablir la concorde. Une telle tâche la révol-
tait, car malgré son éminente vertu, sa nature
était très vive, et d'une sensibilité extrême.
Cette sensibilité, dans la circonstance présente,
se trouva surexcitée outre mesure. Ce fut une
tentation terrible, tentation humainement
supérieure aux forces de la malade. Dieu le
permettait ainsi pour éprouver l'humble
vierge. Pendant plus d'un mois, Alpais est
comme submergée sous les flots d'une tristesse
désespérée. Son âme est livrée de nouveau
aux désolations, aux frayeurs, aux ennuis,
aux dégoûts du Jardin des Olives. Muette et
morne, la malade demeure comme privée de
sentiment, incapable même d'implorer la pitié

divine, hors d'état de prier ni pour elle-même ni pour les autres. Enfin le Sauveur a compassion de sa fidèle épouse; il daigne lui apparaître. Il se montre à elle étendu sur la croix, couronné d'épines et couvert de sang, et il lui dit: « Vois de quel prix tu es pour moi! Que je sois donc pour toi du même prix! » Cette vision, ces divines paroles arrachent Alpais à sa torpeur accablante. Un élan d'amour l'unit à son Dieu, et elle accepte sans réserve toutes les humiliations et toutes les croix. Sur le champ sa noire tristesse s'évanouit, et, comme l'apôtre, elle surabonde de joie au milieu de ses tribulations.

Elle surabonde de joie, disons-nous. Et cependant quelle existence est la sienne! C'est la dure vie d'une *recluse*, et d'une recluse que la maladie accable.

A cette époque de foi énergique, on voyait des chrétiens et des chrétiennes se condamner à une pénitence qui fait frémir. Les murs et les grilles d'un couvent leur semblaient laisser une liberté trop grande; les règles si austères des grands ordres religieux leur paraissaient trop bénignes, car la vie commune, malgré les sacrifices qu'elle impose, offre de précieuses consolations. Au contraire, se séparer sans retour, non-seulement de sa famille selon la chair, mais aussi de sa famille selon Dieu, voilà de quoi épouvanter la nature humaine, cette pauvre nature qui a si souvent besoin d'être encouragée, soutenue, ranimée. C'est au renoncement le plus complet, le plus absolu, qu'aspirèrent des âmes très saintes. Des hommes, des femmes eurent le courage de s'enfouir, comme dans un tombeau, au fond d'une cellule étroite. A leur demande, la porte de cette cellule était non pas fermée, mais *murée*, murée avec la chaux et la pierre; impossible désormais d'en sortir, impossible d'y entrer. Les *reclus* ou *recluses* (c'était leur nom) devaient vivre là solitaires, afin d'y prier et d'y souffrir. Ils priaient donc et ils souffraient, pour leurs propres péchés et surtout pour les péchés des autres. Expiation héroïque, qui provoquait l'admiration des peuples et suscitait des imitateurs assez nombreux. L'Eglise eut la sagesse d'intervenir; elle voulut pourvoir aux intérêts spirituels de ces pénitents surhumains.

Voici quelques-uns de ses règlements:

«Si le reclus est prêtre, la cellule aura un oratoire consacré par l'évêque. S'il n'est pas prêtre, la cellule, contiguë à l'église, aura une petite fenêtre d'où l'on pourra voir l'autel, suivre la messe, s'unir aux prières publiques. Un double voile s'abaissera sur cette fenêtre, afin de cacher le reclus aux fidèles et les fidèles au reclus.»

Un docte écrivain nous fournit d'autres détails:

«La demeure du reclus ou de la recluse, dit-il, doit être construite en pierre. Ses dimensions sont de douze pieds de long sur autant de large. Elle compte trois fenêtres. L'une est en face du chœur, ou proche de l'entrée du chœur, & par cette ouverture, le reclus reçoit la communion du Christ, nourriture de l'âme. L'autre est pratiquée dans la muraille opposée; par elle le reclus prend la nourriture corporelle qu'on lui apporte. La troisième ouverture toujours close de carreaux de verre ou de corne, donne la lumière nécessaire à la cellule.

Notre douce Alpais ne vit point mûrer sa porte; la paralysie qui enchaînait ses membres, ne permettait pas qu'on la laissât toute seule. Un guichet pour passer les aliments n'était point nécessaire, car la vierge ne prenait aucune nourriture; ce guichet fut remplacé, croit-on, par une étroite fenêtre éclairante.

Voilà donc notre bergère dans la situation que lui a ménagée la Providence. Les ordres de l'archevêque de Sens sont exécutés; les bâtiments sont construits, l'église nouvelle, desservie par des chanoines, s'ouvre pour accueillir les fidèles. La renommée annonce au loin toutes ces choses. De toutes parts les

pèlerins s'ébranlent, avides de contempler de
leurs yeux les merveilles que Dieu opère.

« Avec un respectueux empressement, raconte
un témoin, arrivaient les archevêques & les
évêques, et surtout les abbés des monastères
cisterciens; car tous les religieux de la réforme
de Citeaux étaient, pour notre pieuse recluse,
l'objet d'une très spéciale et très affectueuse
vénération. Les rois venaient aussi, et les
princes, les nobles et les roturiers, les clercs
et les laïques, tous par dévotion voulaient
voir Alpais et se recommander à ses prières.»

Au temps où Alpais était plongée dans
l'abandon le plus désolant et l'humiliation la
plus douloureuse, la sainte Vierge lui avait
annoncé qu'un jour cette humiliation si profonde serait compensée par une gloire éclatante.
Ce jour est venu. Les pèlerins qui accourent
en foule, entourent la malade d'un véritable
culte; ils la canonisent de son vivant. Ils
s'agenouillent au pied de son lit, invoquent
tout haut son nom dans leurs prières, brûlent

devant elle des cierges, lui font toucher des
malades et divers objets destinés à opérer ensuite des miracles. Chose plus extraordinaire
encore, chaque soir, de l'église voisine, les
chanoines apportent les corporaux sacrés, ces
corporaux sur lesquels a reposé déjà le corps
du Seigneur. On les dépose sur la poitrine
paralysée de l'extatique; ils y restent la nuit
entière; et chaque matin. quand sonne l'heure
des messes, les chanoines reviennent les reprendre sur ce tabernacle vivant: *«Singulis
noctibus super pectus ejus sacra corporalia repone-
bant.»*—Comme le dit le rapporteur du procès
de béatification: «Ce n'était pas un culte solennel et reconnu par l'Église qu'on rendait
déjà à l'humble vierge, c'était un culte à la
fois privé et public. »

Comment s'expliquent de tels hommages?

C'est que la vierge de Cudot semble, aux
foules stupéfaites, un ange des cieux sous un
misérable voile de chair. Son corps si exténué,
si paralysé, est affranchi des plus dures entraves

de ce monde; il subsiste sans aucun aliment
matériel. L'âme unie à ce corps vit manifestement d'une vie toute surnaturelle, ravie
presque sans cesse dans des hauteurs que la
pensée même ne peut atteindre. Rien ne l'en-
trave dans son essor, ni le temps, ni l'espace,
ni la durée, ni la distance. Cette âme, éclairée
d'un rayon divin, contemple d'un limpide regard ce que l'œil humain ne saurait découvrir;
elle entre en communications merveilleuses
avec Dieu, avec les anges & les saints du ciel,
avec les vivants, avec les morts.

Un de ces faits prodigieux émut tout particulièrement l'archevêque de Sens. C'était à
la fin de cette année 1170, où avait eu lieu
l'enquête canonique dont nous avons parlé
plus haut. Le 28 décembre, jour des saints
Innocents, l'intrépide archevêque de Cantorbéry, Thomas Becket, était massacré dans sa
cathédrale. Saint Thomas de Cantorbéry mou-
rait martyr des droits sacrés de l'Eglise. Depuis
des années déjà il avait conquis une renommée

éclatante; sa mort le couronna d'une incomparable auréole. Princes & peuples se levèrent
pour aller vénérer son tombeau, où s'accom-
plirent sur le champ de très grands miracles.
Alpais, toujours étendue sur son lit de souffrance, ne pouvait se joindre à ces pèlerins
innombrables qui de tous côtés cheminaient
vers Cantorbéry. Etait-elle connue de l'archevêque martyr? Avait-elle été visitée et examinée par lui? Tout permet de le croire; car
Thomas Becket, exilé par son souverain, le
roi Henri II d'Angleterre, avait trouvé un asile
hospitalier chez les religieux de Citeaux, au
diocèse de Sens, et il y avait vécu six années.
Il s'était donc très probablement édifié du
pieux spectacle qu'offrait la chaumière de
Cudot. Après sa mort, il daigna apparaître à
la sainte bergère. Cette apparition fut annoncée aussitôt à l'archevêque de Sens, intime
ami du glorieux martyr. L'archevêque de Sens,
à son tour, attesta ce prodige au pape Alexandre
III, pour hâter la canonisation de la noble

victime du roi anglais. C'est du moins ce que l'on croit pouvoir conclure d'une lettre dont nous citons le passage suivant: « Après le trépas du martyr, écrit au pape l'archevêque Guillaume, Dieu a opéré des miracles. Et nous ne voulons point passer sous silence ce que la renommée nous a appris: on dit donc et on affirme qu'il s'est fait voir à plusieurs, répétant qu'il était non pas mort mais plein de vie, et montrant non des plaies ensanglantées, mais seulement des cicatrices, les cicatrices de ses blessures. »

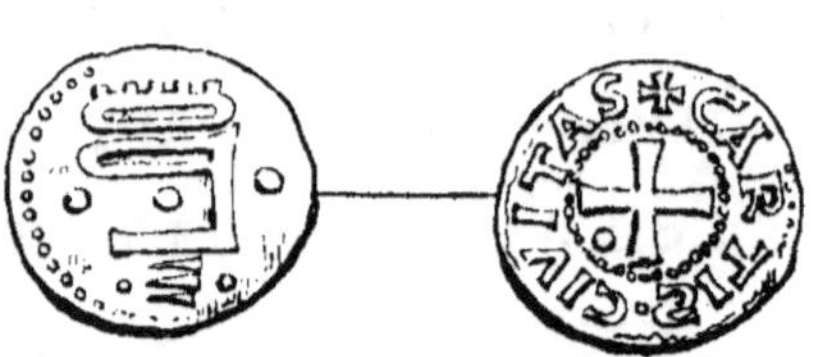

Obole de Chartres, des dernières années du XIIe siècle, trouvée le 9 août 1878, dans la terre qui recouvrait immédiatement le *cercueil* de sainte Alpais, au milieu du chœur de l'église de Cudot-Sᵗᵉ-Alpais, (diocèse de Sens.)

On voit, au droit, le type chartrain, qui n'est qu'une tête de profil à droite, grossièrement dégénérée. Au revers, on lit: — «Cartis civitas.» —

Le champ est occupé par une croix à branches égales, accostée d'un point.

E. BABELON,

Directeur au Dépᵗ des Monnaies, a la Bibliothèque Nationale, a Paris.

CHAPITRE SEPTIÈME

NOUVELLES EXTASES

**Le Ciel. — Le Jugement dernier. — La Sainte Trinité. —
Le Paradis terrestre. — Adam.**

Déjà, dans les chapitres précédents, nous avons raconté quelques-unes des merveilleuses extases de notre sainte malade. Ces extases sont les plus remarquables évènements de la vie d'Alpais, de cette vie toujours renfermée dans l'étroite enceinte d'une cellule. Il nous faut rappeler maintenant d'autres visions, les plus célèbres. Nous résumerons le récit du pieux moine des Echarlis, témoin vigilant des prodiges de Cudot. Ce grave religieux avait hésité beaucoup à entreprendre sa narration. Les choses si extraordinaires qu'il tenait de la bouche de la sainte, lui inspiraient une crainte religieuse. Aussi, dès sa première page, répand-il son âme dans cette humble supplication :

«Nous nous tournons vers le Seigneur notre Dieu. En remerciement de ce qu'il a daigné montrer à notre époque, dans le champ de ce monde, cette perle, œuvre de sa bonté, nous lui offrons d'un esprit fervent et d'un cœur aux intentions pures, toutes les actions de grâces possibles à la faiblesse humaine. Et surtout de toute notre âme, nous supplions sa miséricorde de vouloir bien exaucer nos prières, gouverner nos pensées, augmenter notre foi, nous éclairer des lumières spirituelles, pour que nous puissions écrire dignement les mystérieuses visions & les secrets célestes découverts à cette humble vierge. . . . .

«Je vais essayer de raconter celles de ces visions que la vierge Alpais a révélées de sa propre bouche soit à moi-même, quoique très indigne, soit à d'autres religieux, soit au curé de Cudot. Longtemps elle s'y était refusée; elle n'a cédé qu'à nos supplications instantes. Le peu qu'elle a dévoilé, en vue de l'instruction du monde, elle ne l'a communiqué que sur un ordre du ciel. Il y a des secrets, & ce sont les plus profonds, dont elle se réserve le mystère. Me confiant en Dieu plutôt qu'en moi, je dirai ce que je sais. Que nul n'ose me juger capable du plus léger mensonge. Plutôt que d'écrire une chose fausse, j'aimerais mieux me taire à jamais. »

Quel ordre mettre dans ces visions si nombreuses, et si différentes? L'extatique contemple tour à tour le Ciel, la Sainte Trinité, Notre Seigneur, la Sainte Vierge, les Saints; les âmes souffrantes dans le Purgatoire & les damnés de l'Enfer. Souvent les visions se mêlent; au milieu d'une extase où le Ciel lui apparaît, Alpais voit tout à coup le Jugement dernier et les supplices des réprouvés. Nous ne pouvons donc dégager absolument les unes des autres des choses qui si souvent s'unissent et se confondent.

Vision du Ciel.—Dans notre cinquième chapitre, nous avons entendu la sainte bergère nous décrire les splendeurs de la Jérusalem céleste.

Voici une autre vision de ce séjour des bienheureux:

Une année, le jour de la Toussaint, Alpais contempla la fête magnifique qui se célébrait dans la céleste Jérusalem. La demeure des anges & des bienheureux était parée tout entière pour la solennité. Et même la partie inférieure du ciel, la voûte de notre firmament, se drapait de riches tentures aux diverses couleurs.

De la terre où elle se trouvait encore, Alpais étonnée promenait partout ses regards, admirant la beauté et la variété de ces tentures angéliques. Tout à coup, au milieu, elle aperçut une étroite ouverture; par cette ouverture le ciel resplendissait, comme embrasé des feux de l'éternelle lumière. De la terre jusqu'à cette ouverture montait une colonne de flamme.

Par ce chemin de feu, la bergère s'éleva d'un essor rapide, comme un esprit que le poids d'un corps n'arrête pas. Et continuant son ascension, Alpais franchit l'entrée de l'ouverture rayonnante.

Alors elle dépassa les vastes plis du rideau formé par les draperies célestes, et elle vit une foule immense d'élus. Personne n'aurait pu en compter le nombre. Tous ces élus étaient vêtus de blanc, prosternés dans la prière, la main gauche posée sur la main droite.

Alpais traverse les rangs de cette multitude bienheureuse, et elle arrive au pied du trône de gloire, où siège, dans sa royale majesté, le Fils Éternel de Dieu. Et telle est la splendeur, la magnificence de ce spectacle, que les regards éblouis d'Alpais ne peuvent en soutenir l'éclat.

Près du trône se voyait une multitude de jeunes enfants décapités. Leurs corps, intacts jusqu'au col, siégaient, décapités, à droite et à gauche du trône, aux côtés du Roi des rois.

Non loin se pressait l'invincible armée des

autres martyrs-vierges, qui ayant rendu au Christ le témoignage du sang, jouissent éternellement du bonheur de le contempler.

A leur suite, partageant leur gloire, apparaissait la troupe vénérable des Confesseurs. L'amour de Dieu leur fit mépriser le siècle enclin aux défaillances; ils méritèrent ainsi de recevoir du Sauveur la couronne qui ne se flétrit point.

En même temps brillaient les innombrables phalanges des esprits angéliques, ministres attentifs du Seigneur, exécuteur de ses décrets. Alpais les reconnaissait à leurs ailes resplendissantes.

Le jugement dernier.—Tout à coup, jetant un regard à travers l'espace sans bornes, Alpais aperçut dans le lointain, et comme au fond d'une vallée très sombre, le globe de la terre. Ce globe grossissait.

Soudain la terre apparut toute renouvelée, elle resplendissait d'une blancheur que n'égale pas la craie la plus brillante. Alpais embrassait d'un regard la machine entière du monde, et la terre était au milieu du firmament, offrant l'aspect d'une masse très petite. Sa surface entière se recouvrait d'innombrables petits tertres, semblables aux tertres des tombeaux. De chacun de ces tertres, se levèrent tout à coup des formes humaines, toutes de proportions semblables et ayant l'apparence du même âge; & sur toute la surface de la terre il n'y avait pas un tombeau d'où ne sortît, à ce moment, ou un homme ou une femme.

Et lorsque tous, en un clin d'œil, eurent été ressuscités, du Ciel descendit vers la terre une croix merveilleuse, immense, en bois plein et parfaitement poli, toute rouge comme si on l'eût teinte de sang.

Et tous les hommes, justes & pécheurs, la regardaient.

Et à sa vue, tressaillant d'espérance, les justes devenaient radieux. Les impies, au contraire, étaient désespérés et confondus; car, devant la croix, un foyer lumineux dont les rayons se projetaient de tous côtés, illuminait non-seulement toute la terre, mais aussi le cœur de toute créature; en sorte que les pensées les plus intimes de chacun et ses actes les plus cachés devenaient visibles, dévoilés, manifestes.

Et le Fils de l'Homme, entouré de l'admirable cortège des anges, des apôtres, des martyrs, des confesseurs, des vierges, descendit sur la terre, près de la croix, dans la splendeur d'une souveraine puissance et d'une souveraine majesté.

A ses côtés, debout, les innocents décapités. Entre eux et le Seigneur il n'y avait de place pour personne.

Et les élus voyaient la face de l'Homme-Dieu, suave, aimable, douce, bénigne, favorable. Ils fixaient sur elle leurs regards avec confiance, parce qu'ils avaient ferme assurance en ce jour du jugement.

Les réprouvés, au contraire, à la vue du Fils de l'Homme, n'éprouvaient que des impressions de terreur.

Le visage divin leur paraissait sinistre, effrayant, sans pitié.

Ainsi, parmi tous ces fils de la terre, les uns, associés déjà aux félicités angéliques et assesseurs du Souverain Juge, devaient avec lui juger l'univers. Les autres comparaissaient devant le tribunal suprême, pour entendre prononcer leur éternelle sentence.

Les Justes suivraient Jésus-Christ au royaume de son Père, pour y régner, eux aussi, pendant les siècles sans fin.

Le reste, proie de l'enfer, serait précipité dans les abîmes de feu, pour y partager les supplices des démons.

La Sainte Trinité.—Une nuit, Alpais contemple la Sainte Trinité.

Devant elle apparaissent trois soleils radieux, d'une incomparable splendeur. Aucun des trois n'est moins grand ni plus radieux que les autres, tous les trois ont la même dimension et le même éclat. Leur clarté n'est pas différente, mais elle est distincte. Tout à coup, ces trois soleils se réunissent en un seul, et ce nouveau soleil n'est ni plus grand, ni plus petit, ni plus lumineux que les trois contemplés d'abord.

Et pendant que la vierge admire cette lumière divine, voilà que le Soleil triple et un revêt la forme de la nature humaine. L'Homme-Dieu se montre paré de vêtements sacerdotaux. c'est le Prêtre éternel selon l'ordre de Melchisédech. Et sous cette forme humaine, sa splendeur n'est pas moindre que celle dont, soleil éblouissant, il rayonnait tout à l'heure. Alpais, pleine de joie, demande au Souverain Prêtre sa bénédiction. L'Homme-Dieu couvre la bergère d'un doux et clément regard; puis élève sa droite toute puissante, et forme le signe de la croix qui doit racheter le monde.

LE PARADIS TERRESTRE. ADAM.—Un jour, dans une extase, raconte le pieux historien, Alpais se voit au bord d'un large fleuve. Sur la rive opposée, s'étale une admirable pelouse, tout émaillée de fleurs aux suaves et pénétrants parfums. Alpais aussitôt souhaite gagner cette pelouse si belle; mais comment traverser le fleuve? Il n'y a là ni pont ni barque. La bergère regarde inquiète. Tout à coup elle voit s'avancer sur le fleuve une forme légère: c'est un gracieux adolescent, de quinze ans à peine, dans toute la fraîcheur de sa radieuse beauté. Il s'approche d'Alpais, lui tend la main, et du geste et du regard l'invite à le suivre. Alpais confiante met le pied sur les eaux, et marche ainsi sans aucune crainte.

Bientôt on atteint l'autre rive. L'adolescent et la bergère, tous deux souriants et charmés, s'avancent à travers la pelouse, admirent les roses éclatantes, les humbles violettes, les blanches marguerites, les boutons d'or, mille autres fleurs de toute nuance. Le parfum que ces fleurs exhalent enivre les sens. Chose merveilleuse! le tapis de gazon ne se foule pas sous les pieds. Alpais et son jeune ami errent à leur gré sur la pelouse, sans faire s'incliner ni une tige ni une corolle.

A l'extrémité de la prairie s'étend un verger

superbe. Est-ce ce Jardin enchanteur, que la main de Dieu, au premier jour du monde, planta pour Adam et Eve? Sous les délicieux ombrages de ce Paradis s'abritent des âmes saintes, si nombreuses qu'on ne peut les compter. Ces âmes, ravies d'une joie surhumaine, se redisent les unes aux autres leur bonheur. Elles parlent encore le langage de la terre. Sur le front des unes brille une couronne aussi blanche que la neige; d'autres ont une couronne aux reflets de pourpre teinte de sang. Leur main tient des lys ou des roses, ou d'autres fleurs embaumées. Parmi ces saintes âmes, quelques-unes n'ont pas encore de couronne; elles brillent néanmoins d'un incomparable éclat, et comblées d'une consolation ineffable, elles attendent avec une confiance humble et assurée le jour prochain où, elles aussi, ceindront leur diadême.

Au centre du verger magnifique se dresse une échelle immense. Cette échelle va de la terre jusqu'aux cieux. Par ses degrés innombrables montent deux à deux les âmes saintes. Au sommet les accueille un grand Vieillard, vêtu d'une éblouissante lumière. Il se penche vers les âmes avec respect. Alpais contemple ce spectacle, et se prépare à gravir à son tour les échelons; mais soudain le grand Vieillard retire à lui l'échelle mystérieuse. Aucune autre âme ne peut monter; pour une foule de prédestinés, l'heure de l'ascension ne sonnera que plus tard.

Alpais reste donc en bas, pensive et attristée. Elle regrette de ne pas s'être hâtée un peu plus, et de n'avoir pas gravi tout de suite avec les premières âmes.

Elle s'en va plus loin, et elle rencontre une fontaine aux eaux limpides. Le bassin de cette fontaine forme un cercle parfait. Il en sort quatre larges fleuves, coulant chacun entre des rives superbes; leurs flots inépuisables arrosent de vastes régions. Et les eaux de la source charment le regard et semblent délicieuses au goût. Au fond du bassin s'étend

une nappe de sable, comme une fine neige.
Près du bord se dresse majestueux un arbre
gigantesque dont l'ombre touffue garde à la
source toute sa fraîcheur. Sous cet arbre se
tient debout Adam, notre premier père, le
chef du genre humain. Il est d'une si haute
stature que les hommes de la taille la plus
élevée atteignent à peine à sa poitrine.

Adam est vêtu d'une tunique précieuse d'un
seul tissu, sans couture; toutes les couleurs
d'ici-bas y réunissent harmonieusement leurs
nuances. Mais le tissu est inachevé, et la robe
incomplète. Ces couleurs multiples signifient
sans doute, se dit Alpais, la diversité des
races humaines, des nations & des peuples.
Ce qui manque à la robe indique que le corps
mystique du vieil Adam, comme celui de
l'Adam nouveau, Jésus-Christ, ne sera complet qu'à la fin des siècles, à la consommation
des temps.

CHAPITRE HUITIÈME

VISIONS RELATIVES AU PURGATOIRE

ET A L'ENFER

Au jour de sa première apparition à notre pieuse malade, la Sainte Vierge lui avait annoncé ses futures extases. « Tu contempleras, lui avait-elle dit, le Ciel, les anges, les élus; mais tu verras aussi, et sans éprouver de souffrance, ce qu'endurent les méchants. »

Relisons quelques-unes de ces visions d'Alpais, relatives au Purgatoire et à l'Enfer.

Le Purgatoire. — Nos lecteurs se rappellent la comtesse de Châteaurenard, si inquiète pour l'âme de son fils. Cette âme du jeune comte, Alpais l'aperçut au milieu des flammes du Purgatoire, et elle décrivit, à cette occasion toutes les horreurs de ce lieu terrible. (Voir le chapitre V.)

Voici une autre description des tourments du Purgatoire.

Un jour des gens du monde entouraient le lit de notre malade, et discutaient à haute voix l'étonnant problème de sa vie prodigieuse. Alpais leva soudain les yeux au ciel & poussa un long soupir. A ce soupir succédèrent d'autres gémissements profonds. Que voyait donc l'extatique? L'extatique voyait dans les airs une foule de jeunes gens que la mort venait d'arracher aux illusions de la terre. Tous ces jeunes gens versaient des larmes, se déso-laient, jetaient des cris lamentables. C'étaient des âmes condamnées aux tourments du pur-gatoire, tourments très variés et proportionnés aux fautes.

L'un de ces jeunes hommes paraît subir des tortures plus terribles; ses sanglots sont déchirants. Un nuage sombre l'environne; ce nuage noir est si épais qu'il ne laisse arriver à l'âme malheureuse aucune des aumônes que sa famille et ses amis distribuent pour elle. D'affreux oiseaux de proie, aux serres crochues, noirs comme des corbeaux, planent sur le nuage, et du bec, des pattes, des ailes, refoulent et rejettent vers la terre les aumônes qui arrivent jusqu'à la nuée.

Les autres jeunes défunts ont une consolation bien grande. Les aumônes de leurs proches sont recueillies et emportées au ciel par de blanches colombes. A la vue des colombes, le Juge suprême se lève, s'incline avec bienveillance, et même avec un air de joie.

Cependant toutes ces âmes souffrantes arrivent en face d'Alpais. Celle-ci, touchée de compassion, s'adresse au jeune homme que les tourments torturent davantage : « Pourquoi, lui dit-elle, votre peine surpasse-t-elle la peine qu'endurent vos compagnons ?—Ce sont les péchés de mes parents, répond-il, qui sont la cause de mon dur supplice. Les charités qu'on fait pour moi demeurent inutiles, parce que l'argent de ces aumônes est le fruit de la fraude et de l'injustice. Ma famille s'est enrichie par l'usure, l'iniquité, la rapine. Les mains de mes proches sont pleines de sang: le Maître dédaigne leurs offrandes. Je vous en supplie donc ô Dame, chère à Dieu et aux hommes, avertissez mes parents; vous les connaissez; dites-leur d'amender leur vie, d'expier leurs péchés, de réparer leurs torts, de changer de conduite. Qu'ils restituent les profits usuraires, les biens mal acquis, et qu'après une humble et sincère confession, ils s'imposent une digne et salutaire pénitence. Hélas! si pendant les jours qui leur restent à vivre ils n'expient pas entièrement tous leurs péchés, il leur faudra, après leur mort, endurer de terribles tourments.

«Quant à ceux qui m'accompagnent, ils obtiendront bientôt miséricorde, grâce au mérite des aumônes faites sur la terre à leur intention. L'argent que donnent pour eux leurs parents et leurs amis est de l'argent légitimement possédé, honnêtement acquis. Aussi voyez comme ces aumônes sont enlevées au ciel par les colombes, et déposées sous le regard divin. Voyez au contraire comment les aumônes de mes proches sont rejetées vers la terre par ces oiseaux affreux. Ma peine sera donc et plus dure et plus longue. La flamme vengeresse me dévorera jusqu'à ce que les souillures de mes péchés aient disparu peu à peu, successivement, les unes après les autres, sous la morsure aiguë de ce feu intolérable.

« A la fin, moi aussi, j'obtiendrai mon pardon, mais je ne l'obtiendrai que le dernier et par le feu. »

Quand ce malheureux eut achevé son triste discours, il disparut sous le nuage noir, et toutes les âmes souffrantes disparurent aussi; et notre compatissante Alpais ne cessait de gémir et de soupirer.

Le chef d'un village peu éloigné de Cudot commettait dans ses fonctions des fautes très nombreuses. A plusieurs reprises, la sainte malade lui reprocha ses torts et l'avertit du péril que courait son salut; elle le supplia même de renoncer à ses fonctions, puisque ces fonctions l'exposaient à tant de fautes. Avertissements inutiles; le coupable ferma l'oreille et s'endurcit le cœur. Parvenu ainsi à la fin d'une longue carrière, il termina sa vie et fut cité au tribunal du Juge suprême. Le lendemain de sa mort, le misérable vieillard apparut à notre extatique. Le visage défait, abattu, les vêtements souillés et en lambeaux, il cheminait l'œil baissé, et semblait sortir d'un bois qui touchait à son ancienne demeure.

Devant lui marchait une sorte de fantôme noir comme la nuit, de haute taille, à l'aspect effrayant.

Et le vieillard, détournant avec tristesse les yeux de la maison qui fut la sienne, se dirige vers une de ses fermes, vaste exploitation isolée. Il y pénètre, à la suite du noir fantôme. « J'ai une faim terrible, gémit-il; j'ai une soif dévorante! » A ces mots, le fantôme court vers l'habitation, et en rapporte un large vase rempli de pierres.

« C'est ta femme qui t'envoie cela, » dit le fantôme.

Et le misérable mort a une faim si cruelle qu'il se jette avidement sur ces pierres, & en un instant les avale toutes. Mais cet étrange repas n'apaise nullement sa faim insatiable, et il jette de tous côtés des yeux hagards.

Telle est la torture de ce malheureux qui, sur la terre, commettait l'injustice, afin de se rassasier des biens trompeurs de ce monde.

Cette âme était-elle en Purgatoire? Etait-elle en Enfer?

En voici une du moins qui n'avait à expier que des fautes moins graves.

Vers l'année 1174, le vénérable Gilduin abbé de Fontaine-Jean, de l'ordre de Citeaux, passe de vie à trépas. C'était un saint homme, mais il avait des fautes à expier: il avait écouté avec trop d'indulgence, sans les corriger, des moines détracteurs les uns des autres, et se-meurs de discorde. Alpais aperçut son âme en Purgatoire. Voici comment elle l'en vit sortir:

Un des meilleurs amis du défunt, moine de
Fontaine-Jean, offrait les saints Mystères pour
le repos de l'âme de Gilduin. Pendant cette
messe, Alpais vit la bienheureuse Mère de
Dieu et l'évangéliste Saint Jean, accompagnés
de l'abbé Gilduin. Tous les trois entrèrent
dans l'église et s'approchèrent de l'autel où
la messe se célébrait. Gilduin assistait au saint
Sacrifice avec une très grande dévotion. La
messe achevée, la Sainte Vierge, Saint Jean et
le défunt abbé se rendirent au chœur devant
le maître-autel, puis au chapitre, lieu de sépul-
ture de Gilduin. Des personnages revêtus de
l'habit monastique apparurent tout-à-coup et
chantèrent des psaumes; Alpais les écoutait
sans pouvoir les comprendre. Quand le chant
fut terminé, les personnages de la vision vi-
sitèrent différentes parties de l'abbaye, revinrent par les Echarlis, entrèrent à l'église puis
disparurent.

L'Enfer. — En ce temps-là, raconte le moine
des Echarlis, la vierge Alpais, dans une extase,

vit une caverne ténébreuse, profonde, immense.
Au milieu de la caverne se dressait un trône
royal. De ce trône royal s'approcha le roi des
fils de l'orgueil, le prince des ténèbres. Et il
s'assit sur le trône. Et voilà que soudain, de
tous côtés accouraient autour de lui d'innombrables démons. Et le prince infernal, les
dépassant tous de sa haute stature, les sur-
passait tous aussi par son aspect plus terrible
et sa laideur plus hideuse. Les esprits impurs
se tenaient tous debout devant leur roi, et
avec une jactance hautaine, ces orgueilleux
rendaient compte des méchancetés et des
tromperies perverses qu'ils avaient commises
contre les amis de Dieu.

Les uns se vantaient d'avoir suscité des
guerres, fomenté des séditions, et causé ainsi
la perte d'une multitude d'hommes. Les autres
racontaient qu'ils avaient soulevé des tempêtes,
submergé des navires, englouti équipages et
passagers.

« Nous avons, disaient ceux-ci, allumé des

incendies & consumé dans les flammes des villes populeuses. »

« Nous avons bien mieux fait, assuraient ceux-là: nous avons réussi à faire commettre tant de péchés impurs, tant d'assassinats, tant de vols. Quelquefois il nous a fallu bien du temps et bien des efforts, surtout pour faire tomber dans le péché des moines ou des religieuses. Qu'il est difficile de les amener à quitter leur monastère! On réussit mieux à souffler entre eux la discorde. Rien d'agréable pour nous comme de voir les moines en querelle entre eux, ou en lutte contre leurs abbés. »

Chacun de ces récits provoquait la joie bruyante de la foule satanique.

Et ces démons, vainqueurs des chrétiens, vainqueurs surtout des âmes religieuses, l'affreux juge infernal les exaltait, les comblait de pompeux éloges, les proclamait dignes des suprêmes honneurs. Et l'assemblée infernale couvrait ses paroles d'applaudissements.

Quant aux démons qui n'avaient réussi qu'à

faire commettre des fautes moins graves, Satan les traitait de maladroits et de lâches, les accablait de mille injures et les chassait de sa présence. Et ces misérables démons s'enfuyaient humiliés, ne respirant que haine et vengeance.

Et Satan s'adressant aux chefs des bandes infernales, leur fit un violent discours, les exhortant à combattre contre les chrétiens avec une vigueur de plus en plus grande; « Voici bientôt la fin du monde, s'écriait-il, il ne nous reste pas beaucoup de temps. Il faut donc nous hâter, redoubler d'énergie; il faut précipiter tout ce que nous pourrons au fond des gouffres brûlants. »

Après ce discours de Satan, la multitude diabolique s'évanouit comme une vapeur, et ainsi fut dissoute l'abominable assemblée.

Alpais vient de nous montrer les démons, elle va maintenant nous décrire l'enfer.

La vierge est conduite par son ange vers un pont de fer, sous lequel s'étend un vaste étang d'eaux stagnantes. Ces eaux puantes, infectes, sont épaisses comme la bourbe d'un épais marécage. L'aspect en est hideux, horrible; leurs émanations sont dégoûtantes, et elles brûlent comme le feu. Là, le pleur éternel et l'éternel grincement de dents. Là, des tempêtes de sanglots & des hurlements mêlés aux sanglots. Là, les longs gémissements et la clameur des plaintes lamentables. Dans ces eaux qui dévorent et qui consument, les démons furieux tourmentent les âmes malheureuses. Ces âmes sont innombrables, et elles subissent des tortures proportionnées à leurs crimes.

Et à l'entrée du pont de fer se tient debout un homme, lié par des chaînes de fer à un poteau de fer. Et le pont est traversé par la foule innombrable des morts, condamnés pour leurs péchés à des peines diverses. Ils s'avancent en hâte, à pied ou à cheval. Et tous, au passage, frappent l'homme enchaîné; chacun le frappe d'un seul coup, qui du glaive, qui de la lance, qui d'un couteau, qui d'un bâton. Le dernier mort, ancien prévôt, expiait en ces tristes lieux les nombreuses fautes commises dans l'exercice de ses fonctions. Malgré ses fautes, il avait craint et aimé le Seigneur, s'était montré très charitable envers les pauvres, et la miséricorde divine devait le récompenser après la fin de sa pénitence. Il traversait donc le pont, seul et le dernier, quand soudain des eaux fétides s'élancent d'affreux démons. Ils ont la forme de noirs corbeaux; de leurs ailes sombres ils se précipitent sur le malheureux prévôt, et le déchirent de leurs becs et de leurs griffes; en même temps ils s'efforcent de le faire tomber dans la fange du marais infernal. L'infortuné est saisi d'épouvante: «Sainte Marie, s'écrie-t-il, aidez-moi! Sainte Marie, secourez-moi! Sainte Marie, Mère de Dieu, je péris, assistez-moi! Sainte Vierge des vierges, en ce danger suprême, accordez-moi votre appui!» Et aussitôt deux anges descendent du ciel, envoyés au misérable par la Mère de miséricorde. Les horribles corbeaux prennent la fuite, et les deux anges transportent au paradis le prévôt protégé par la Reine des cieux.

Une autre fois, Alpais l'extatique aperçut dans les flammes de l'enfer les âmes de trois usuriers.

Le premier des trois, mort subitement, avait été comme surpris par les démons et enseveli au gouffre infernal, sans avoir eu le temps de se repentir.

Le second, atteint d'une très grave maladie, et redoutant le jugement de Dieu, s'était mis à distribuer des aumônes. Son mal ayant diminué, il avait écouté les suggestions de son avarice, et cessé ses distributions charitables. Bientôt la maladie reprit son cours; il succomba et fut précipité en enfer. Le misérable se repentit trop tard d'avoir interrompu ses aumônes. Quels amers regrets! Regrets inutiles, car pour lui était venue la nuit éternelle où il n'est plus possible d'expier les fautes de la vie. Son argent, prêté à usure, lui était ainsi justement remboursé, avec l'intérêt; car de ses gains usuraires voici le bénéfice: feu éternel, feu qui sera son éternel tourment, et de ses ardeurs éternelles le brûlera sans fin; ardeurs correspondant aux ardeurs insatiables de la cupidité dont brûla le cœur de l'infortuné, tant qu'il vécut de la vie terrestre.

Le troisième usurier avait fui le siècle et pris l'habit religieux. De son argent, fruit de l'usure, il faisait trois parts: une part était donnée à sa femme, une autre à ses enfants, la troisième à son monastère. Il mourut; les démons le précipitèrent dans le feu éternel; il en subira les tortures jusqu'au dernier jour du monde, parce que son argent, fruit de l'usure, n'a point été restitué à ceux dont il l'avait reçu. Toutefois, au jour du jugement, quand il ressuscitera avec son corps, le supplice des flammes cessera pour lui. Cependant il n'aura point le grand rafraîchissement, ni la grande joie, car toujours les ténèbres l'envelopperont.

Ces deux dernières phrases offrent une curieuse trace de l'opinion acceptée alors par plusieurs théologiens, opinion d'après laquelle les peines de l'enfer pourraient être *allégées* en faveur de certains damnés.

Alpais eut souvent d'effrayantes visions des anges déchus. Un jour, raconte le moine des Echarlis, la pieuse malade vit entrer dans sa chambre un énorme chien noir. Alpais comprit aussitôt que c'était un démon. Elle le regarda sans se troubler, et le chien noir se transforma tout-à-coup en farouche taureau. Les deux yeux du taureau semblaient deux charbons ardents, ses dents grinçaient, et des flots d'écume coulaient de sa bouche énorme. Baissant la tête, inclinant ses cornes, le taureau paraissait s'élancer sur la pauvre paralytique.

Alpais s'arme du signe de la croix, et ainsi fortifiée elle interpelle hardiment le démon: «Que veux-tu, dit-elle? Qui es-tu?»

L'apparition répond: «Je suis celui qu'oppresse sans fin et la peine et la souffrance; celui que sans fin torturent des tourments innombrables; ils sont grands mes supplices, et de plus grands encore m'attendent. »

A ces mots l'apparition diabolique s'évanouit comme une fumée.

Un autre jour, le démon se présenta devant Alpais sous la forme humaine.

Long, effilé, difforme, la peau noire, le cou démesuré, le visage souillé, les yeux d'un rouge de feu, il tenait dans ses mains des fioles pleines de poisons.

La malade trembla d'horreur à la vue de l'homme sinistre, et ce frisson d'épouvante l'agita plusieurs jours. L'effronté démon osa l'engager à prendre une de ces fioles: ce breuvage, disait-il, la guérirait de toutes ses infirmités, et lui rendrait force et vigueur.

Mais, éclairée de l'Esprit-Saint, la malade comprit le piége, invoqua le nom de Jésus, et le démon s'enfuit honteux.

Une nuit, le démon a recours à une nouvelle ruse. Il prend les traits d'un religieux qu'Alpais honorait d'une sympathie affectueuse. Le fantôme se tenait appuyé contre la fenêtre donnant sur la chapelle. De cette place, sans mot dire, il regardait la paralytique étendue sur son lit. La malade fixant sur lui ses regards, comprit tout de suite la perfidie démoniaque, car elle savait que le religieux dont elle voyait l'image, était à ce moment loin des Echarlis. L'indignation la saisit, elle fait le signe de la croix et s'arme d'un bâton déposé près de son lit, afin d'en frapper le tentateur.

Le démon s'éloigne peu à peu de la fenêtre et s'avance à petits pas vers la malade. Alors, par un effort extraordinaire, la paralytique se penche en avant et lève son bâton. Le démon recule brusquement et esquive le coup.

Le perfide tentateur pensait que dans ce mouvement Alpais tomberait à terre et se briserait la tête ou les membres.

Il s'approche de nouveau; de nouveau aussi la paralytique brandit son bâton, et avec toute la vigueur qui lui reste, frappe l'apparition infernale. Sous ce coup de bâton, le corps diabolique se fend de la tête aux genoux. Alpais, qui croyait trouver plus de résistance, est emportée par son élan et tombe sur le banc du lit; du banc elle roule à terre, où elle demeure étendue, incapable de se relever.

Le matin on la retrouva gisant à terre, et on ne s'expliquait pas comment une paralytique avait pu ainsi être jetée hors de son lit.

Une autre fois le démon revient à la charge. Le moine des Echarlis, qui raconte cette nouvelle épreuve, semble dès le début, saisi d'enthousiasme.

«Béni soit Dieu, dit-il, Dieu le Père de N. S. J. C., Père des miséricordes et Dieu de consolation, qui console sa servante dans toutes ses tribulations et angoisses! Son âme avait rencontré la tribulation et la douleur, et les maux et les peines, tant du corps que de l'âme, la tenaient investie de tous côtés. Et si le Seigneur ne l'eût regardée d'un œil miséricordieux et ne fût venu à son secours, peut-

être, ne disons pas peut-être, disons très certainement, l'ennemi eût englouti son âme. Les maux
qui l'assiégeaient ne peuvent être comptés.
Ses tribulations s'étaient multipliées plus que
les cheveux de sa tête. Son cœur se sentait
défaillir. Et voici que l'ennemi, jugeant l'occasion opportune, revêt la forme humaine. Il se
présente chez la vierge sous l'apparence d'un
médecin. A la main il tient un vase; dans ce
vase sont diverses fioles pleines de potions
empoisonnées.

«Le bruit de votre renommée, dit-il à la
vierge, est arrivé au loin, jusqu'à moi. J'ai
entendu parler de vos infirmités et de vos
souffrances. Emu de compassion, je viens de
mon pays éloigné, et je m'offre pour vous
guérir. Aucun médecin ne me surpasse. Je connais à fond la vertu de toutes les herbes et
de toutes les plantes. Buvez la potion que
voici, elle vous rendra sur le champ la santé.»

A la vue de l'être infernal, le cœur de la
vierge frissonne d'horreur. Elle détourne de

lui ses yeux et fixe son regard sur le crucifix suspendu près de son lit. Le crucifix lui rappelle la Passion du Sauveur. Elle ne songe plus qu'à cette Passion, et soudain descendent du ciel deux colombes d'une admirable blancheur. Ces deux colombes se posent tout près de la malade, si près que celle-ci aurait pu les toucher de sa main.

La vue des colombes remplit Alpais de sécurité et de calme. Les deux oiseaux célestes se caressent mutuellement, se livrent aux plus joyeux ébats. Une des colombes introduit son bec dans l'oreille d'Alpais et lui dit: « N'aie pas peur, servante du Christ. Que la présence de l'ennemi ne t'inspire aucune terreur. Avec une foi sûre et une ferme espérance, confie-toi au Fils de la Vierge. C'est lui qui nous a ordonné de venir te consoler.»

A ces paroles de la colombe, le démon malgré lui est contraint de reculer. Devant la porte ouverte il s'arrête court, immobile. Et tout à coup avec lui, une multitude d'autres démons,

hideux, horribles, poussent contre la vierge
d'affreux grognements, la menacent de leurs
regards furieux, l'insultent de ricanements
moqueurs. Mais les colombes volent au secours d'Alpais, se précipitent contre les démons, et les mettent en fuite. Ils disparaissent
comme une grosse nuée, comme un noir
tourbillon d'orage; et la vierge délivrée du
péril, verse des larmes de joie, et se répand en
actions de grâces envers Dieu son Sauveur.

Pourquoi l'enfer s'acharnait-il ainsi contre
la Vierge de Cudot? Le démon lui-même va
nous l'apprendre:

Une femme possédée de l'esprit impur, fut
conduite à un ermite nommé Fulbert. Ses
dents grinçaient, sa bouche écumait, et dans
d'horribles convulsions, elle se tordait et ru-
gissait sous l'étreinte diabolique. Le saint
homme Fulbert fait le signe de la croix et, au
nom de Notre-Seigneur, somme le démon de
laisser la malheureuse femme. Le démon, par
la bouche de sa victime, fait cette réponse:

«Fulbert, Fulbert, toi, l'ermite Guillaume de Flotin et la sainte fille de Cudot, vous me nuisez beaucoup et me causez grand dommage. Sans vous trois, sans vos prières et prédications, je tiendrais enchaînés une foule de chrétiens de cette province. Vos prédications me les arrachent, et vos prières contre moi les défendent.»

La sainte fille de Cudot, dont parle le démon, était notre vierge Alpais. Ses prières sauvaient une foule d'âmes, et pour se venger, le démon la persécutait de mille manières.

Obole de Ravenne, des premières années du XIIIe siècle, trouvée sous la tête de sainte Alpais, dans son cercueil en pierre, le 25 août 1878.

On lit au droit:—«DE RAVENA».—Dans le champ se trouve une croix à branches égales, accostée de deux fleurons. Au revers, on lit: —«ARCIEPISCOPUS».— Les trois dernières lettres du mot occupent le champ de la pièce.

E. BABELON, DIRECTEUR AU DÉP^t DES MONNAIES, A LA BIBLIOTHÈQUE NATIONALE, A PARIS.

RÉVÉLATIONS DE Sᵗᵉ ALPAIS A DES SAVANTS.

CHAPITRE NEUVIÈME

VISIONS RELATIVES A L'EGLISE ET AUX SAINTS

La Sainte Vierge et l'Eglise. — Hénoch et Hélie. — Saint Nicolas. — Saint Benoît. — Le prêtre Richard. — Une sainte paysanne. — Bernard, le père d'Alpais.

———

LA SAINTE VIERGE ET L'EGLISE.— Un jour, raconte le moine des Echarlis, l'humble Alpais en extase contemple la très Sainte Vierge. La mère de Dieu lui apparaît avec un corps aussi diaphane que le plus pur cristal.

Dans son sein immaculé se voit le divin Enfant, admirable de beauté et couronné d'un royal diadême.

De ce diadême s'élèvent quatre fleurs. Tout à coup ces fleurs grandissent; leurs tiges montent à travers la poitrine, la tête de la

Vierge bénie, puis prenant un développement prodigieux, elles s'étendent comme les vastes branches d'un arbre gigantesque, et ces branches couvrent enfin la terre entière.

Elles portent des fruits magnifiques, au parfum exquis, au goût délicieux. Sous l'ombrage de leurs rameaux s'abrite tout le genre humain, depuis Adam, le premier homme, jusqu'au dernier-né de ses descendants.

Une autre fois, la vision se renouvelle avec quelques détails différents. Alpais contemple une forme lumineuse, d'une incomparable splendeur. «N'est-ce qu'une statue? se demande-t-elle, est-ce au contraire un être doué de vie?» La transparence en est parfaite: on dirait un rayon de soleil. C'est la Vierge radieuse, Marie, la mère du Sauveur. En elle resplendit le divin Enfant. La couronne de l'Enfant est blanche et rouge; une de ses petites mains tient une fleur rouge; l'autre main tient une fleur blanche. La couronne de la Vierge est d'une blancheur éblouissante.

Alpais se précipite à genoux aux pieds de l'Enfant et de la Mère; elle leur adresse une ardente prière pour l'Eglise catholique. Et pendant sa prière, elle voit une fleur jaillir du cœur de l'Enfant. Cette tige monte, et traverse la poitrine, puis la tête de la Vierge-Mère. Et croissant avec une force infinie, la tige devient un arbre immense, couvre la terre entière et atteint jusqu'aux cieux.

Alpais, saisie d'admiration, se demande comment le poids d'une masse si énorme ne force à s'incliner ni la Mère ni l'Enfant. Et contemplant encore l'arbre merveilleux, Alpais voit sous ses rameaux une multitude immense d'hommes et de femmes, et sur ses branches une foule innombrable de beaux oiseaux au blanc plumage.

Touchantes et instructives visions, qui nous montrent l'Eglise catholique prenant, dans le cœur de Jésus et dans le cœur de Marie, ses racines, sa sève, sa vigueur divine, son incomparable développement.

Voici qui n'est ni moins touchant ni moins instructif.

Un jour l'âme d'Alpais est transportée vers les hauteurs célestes. De là, elle aperçoit dans le lointain une chapelle, dont les assises de pierre semblent d'une remarquable beauté. La bergère s'en approche, et la chapelle, vue de près et du dehors, paraît mesquine, trop petite et trop basse. Alpais en franchit le seuil et s'arrête aussitôt stupéfaite. C'est qu'à l'intérieur la chapelle offre les proportions les plus majestueuses: sa longueur, sa largeur, son élévation dépassent tout ce qu'on aurait pu imaginer. De plus, le pourtour présente un si délicat travail, des peintures si gracieuses et si fines, des nuances si multiples et si chatoyantes, que l'œil ravi découvre partout des beautés nouvelles, et ne se lasse pas d'admirer. La chapelle merveilleuse resplendit d'une lumière dont rien n'approche ici-bas. Cette lumière a mille fois plus d'éclat que le soleil en son midi, et néanmoins elle est douce au regard comme la lumière de la lune.

Alpais comprend qu'elle a encore sous les yeux un symbole de l'Eglise du Christ. Aperçue dans son ensemble, et comme dans le lointain des âges, l'Eglise apparaît très belle; considérée de près dans ses membres terrestres, elle ne semble plus répondre à la grande idée qu'elle avait d'abord fait concevoir: on découvre en elle bien des misères, bien des défaillances. Contemplée enfin telle qu'elle sera aux cieux, dans l'éternité, elle est ce temple merveilleux dont l'apôtre Saint Jean a redit les divines splendeurs.

Au chœur de la chapelle, un autel se dresse. Au pied de l'autel sont debout trois nobles dames, aux longues draperies, le front ceint d'une rayonnante couronne. Leur vêtement est plus blanc que la neige, leur visage resplendit comme le soleil. La dame qui se tient au milieu est de beaucoup la plus belle et la plus majestueuse: c'est Notre-Dame, la Reine des cieux. Ses deux compagnes s'inclinent avec respect à ses côtés, et semblent la soutenir dans sa prière. L'une est Marie-Madeleine, l'autre Marie d'Égypte.

Et lorsque la Reine inclinée a prié un peu de temps, elle se relève, appelle par son nom sa compagne de droite, et avec la dignité du commandement, lui dit: « Marie-Madeleine, allez vite, allez regarder de la porte si vous ne voyez venir personne. »

Et de nouveau elle s'incline et se remet à prier. Madeleine s'en va, sort et regarde. Et revenant en hâte, elle annonce l'heureuse nouvelle: elle a vu de loin s'avancer d'un pas majestueux, en grande pompe, l'immense procession des armées célestes, exaltant le Fils de la Vierge, par qui gloire est à Dieu au ciel, et paix sur la terre aux hommes de bonne volonté.

Et tandis que, la tête inclinée, la Mère de Dieu continue sa prière devant l'autel, l'armée éblouissante fait son entrée au son mélodieux des hymnes. Et à la vue de Marie, sainte Mère du Sauveur, Étoile de la vraie Lumière, les élus tressaillent d'une incomparable joie. En son honneur retentissent leurs acclamations, vers elle s'élancent tous leurs cœurs, car elle est la porte salutaire, la royale route de leur retour en cette région de la patrie.

Et, au milieu de cette glorieuse cohorte des phalanges célestes, s'était glissé un misérable pécheur. D'une laideur horrible, sordidement vêtu, il s'approche craintif et tremblant, de la Mère de miséricorde, et prosterné à ses genoux, la face contre terre, il implore son pardon. D'un air sévère, la Vierge le regarde, et d'un ton très grave lui demande comment, défiguré ainsi, souillé et indigne, il a été assez téméraire pour se présenter sans la robe nuptiale. Le malheureux fondait en larmes, éclatait en sanglots, redoublait sa prière, répétait ses supplications. D'un tel pénitent, l'Avocate des pécheurs eut bientôt pitié. Elle agréa bénignement son sincère repentir.

« Je vous le remets, dit-elle à saint Benoit. » — Le père des moines s'inclina, et aussitôt tous les élus, précédés de leur Reine, entrèrent au palais du Roi éternel, louant et glorifiant Dieu qui invite les pécheurs à repentance, et qui, aux repentants, daigne octroyer pleine rémission de leurs péchés.

L'humble bergère vient de nous montrer, sous de riches symboles, les joies et les triomphes des élus; elle va nous représenter, en de vives images, les fidèles de la terre, leurs vertus et leurs épreuves.

Un jour l'âme de la malade se trouve transportée dans une église. Sur l'autel trône, comme une Reine, la Mère de Dieu, le front couronné du diadème; sur ses genoux repose le divin Enfant. Alpais se prosterne, et offre ses hommages au Fils et à la Mère.

Presque aussitôt elle voit sortir du sol une jeune tige qui grandit, se pare de fleurs et devient un grand arbre. Les rameaux de cet arbre atteignent bientôt la voûte de l'église; ils semblent faire effort pour traverser cette voûte; mais ils rencontrent une résistance inébranlable. Les branches continuent néanmoins de pousser avec vigueur. Ne pouvant s'élever plus haut, elles fléchissent, s'inclinent, se courbent dans toutes les directions, sur les voûtes et sur les murailles, recouvrent l'enceinte entière, s'abaissent vers le sol, et étendent sur le pavé même le vert tapis de leur feuillage.

Aux rameaux sans nombre s'enroulent des milliers de fleurs, fleurs plus blanches que les lys, au calice nuancé de pourpre; elles exhalent le plus suave parfum.

La bergère charmée veut cueillir quelques-unes de ces belles fleurs, mais les fleurs sont comme emportées par une brise légère, et échappent à la main qui va les saisir. Alpais déçue, ne peut que regarder ce qu'il ne lui est pas donné d'atteindre. Tout à coup des essaims de blanches colombes s'abattent des hauteurs, cueillent un à un tous ces lys empourprés, et prenant leur essor, les emportent au ciel.

Ainsi, pense Alpais, en est-il ici-bas de

l'Eglise du Christ. Arrêtée dans son élan vers Dieu, forcée de se replier vers la terre, elle demeure toujours féconde, et sa sève luxuriante ne cesse de produire les fleurs des vertus, la pureté et l'amour. Seules, les colombes du paradis, l'Esprit de Dieu et ses anges, sont dignes de cueillir ces fleurs épanouies pour le ciel.

La vision suivante peut se rattacher à celle qui précède. Un samedi de l'Avent, Alpais en extase aperçoit au loin une immense étendue d'eau. Sur l'eau s'avance une femme magnifique, parée des plus riches vêtements. L'eau ne mouillait point les plis de sa traîne superbe. Et cette femme, au port de reine, tenait dans sa main droite une croix très belle. Et sur le bras droit de la croix reposait une colombe, d'une blancheur éblouissante, le regard fixé au ciel.

Et en avant de la femme magnifique marchait un enfant de sept ans, plus beau que le plus bel enfant des hommes; Alpais ne pouvait

en rassasier sa vue. La femme et l'enfant s'a-
vançaient, et notre vierge stupéfaite se deman-
dait comment on pouvait ainsi marcher sur
les eaux.

Alpais cependant s'approche, avide de baiser
la croix que tient en sa main la femme magnifique, mais elle craint que la colombe
effrayée ne s'envole. Et pour ne point faire
peur à l'oiseau, Alpais baise la croix à sa partie
inférieure, au-dessous de la main qui la soutient. Et en baisant cette croix, elle sent s'exhaler
une émanation délicieuse, supérieure à tous
les parfums de la terre. Puis l'enfant lève la
main et bénit notre vierge, en formant sur
elle le signe sacré de la croix. La femme majestueuse trace à son tour sur Alpais, avec sa
croix, le signe rédempteur; la colombe prend
son essor et s'envole aux cieux; l'enfant suit
la colombe, suivi lui-même de la femme
semblable à une reine.

HÉNOCH ET ÉLIE. — Un jour, continue le
moine des Echarlis, notre vierge voit descendre

à travers les airs, sur un nuage diaphane, deux vieillards d'une extrême vieillesse. Leur barbe blanche retombe jusque sur leur poitrine; leur tête est couronnée de longs cheveux blancs. Ils indiquent à Alpais une source limpide dont les eaux, pures comme le cristal, reposent sur un fond de sable très fin, aux reflets d'argent. Du bassin de la source sortent quatre larges fleuves. Et les vieillards, contemporains des âges antiques, invitent la vierge à se baigner dans les eaux de la fontaine. — « Jamais de la vie je ne me suis baignée, répond Alpais surprise; mais vous, hommes vénérables, qui êtes-vous et d'où venez-vous? On dirait, à vous voir, que vous avez vécu des siècles. Avez-vous réellement compté, un à un, les jours innombrables qui ont marqué leur trace sur vos têtes blanchies? Ou bien le Seigneur vous a-t-il créés depuis peu, en vous donnant tout de suite ce cachet si auguste que les siècles impriment?

— Oui, vraiment, répondent les vieillards;

nous sommes nés à une époque singulièrement
lointaine; pour nous les siècles ont succédé
aux siècles; et même, bien que notre vie soit
déjà si longue, elle n'est pas encore terminée.

—Je le crois bien, dit Alpais avec un doux
sourire; assurément vous n'êtes pas morts; car
si vous étiez morts, vous ne seriez pas ici.

—Un temps bien long, reprennent les vieillards, s'est écoulé depuis notre naissance; la
mort n'a pu nous atteindre; et quand nous
mourrons, ce ne sera pas de notre mort natu-
relle; le glaive d'un autre nous frappera, et
ainsi s'achèvera notre vie.»

A ces paroles, Alpais demeure stupéfaite.
«Quoi! se dit-elle en son cœur, ces hommes
d'un aspect si vénérable, d'un visage où res-
pire la sainteté, pourront-ils un jour commettre
un forfait digne du dernier supplice, un de
ces crimes que le glaive châtie!»

Les vieillards voient la pensée d'Alpais:
«Nous mourrons martyrs, disent-ils; martyrs
de la foi et de la justice.»

Ces deux saints vieillards étaient Hénoch et Élie: depuis des siècles, Dieu les a enlevés de la terre; ils reparaîtront parmi les hommes aux derniers jours du monde pour être, nous dit l'Apocalypse, les deux témoins du Christ. Et quand ils auront achevé de rendre leur témoignage, la bête qui monte de l'abîme les vaincra et les tuera. . . . . .

Mais trois jours et demi après, Dieu leur rendra la vie, et ils monteront au ciel, sur une nuée, à la vue de leurs ennemis confondus.

La veille de Noël, Alpais revit les deux illustres vieillards.

Les cieux s'ouvrent, raconte son historien, et Alpais voit descendre une très auguste Majesté d'une incomparable splendeur.

A la suite de la Majesté, apparaît une dame très belle, et d'une dignité très grave. Entre ses bras est un tout petit enfant, si petit qu'on dirait un nouveau-né ayant à peine une heure d'existence.

Les trois êtres célestes s'approchent du lit

de la malade: l'auguste Majesté lève la main droite et trace sur la paralytique le signe de la croix.

A son tour la dame, d'une dignité si grave, couvre Alpais d'un second signe de croix.

Enfin, ce qui ravit la malade, le nouveau-né lève sa petite main, et fait sur le lit un troisième signe de croix. Puis, dans l'ordre où ils sont venus, la Majesté, la dame et le petit enfant remontent aux cieux.

Alors descendent du ciel deux vieillards chargés d'années, aux cheveux tout blancs, à la barbe toute blanche. Leur austère et noble visage fait songer aux antiques prophètes. Leur attitude, d'une calme énergie, leur regard assuré indique des âmes magnanimes, des cœurs intrépides. On dirait deux héros des vieux âges attendant d'un pied ferme un redoutable adversaire.

Aussitôt, en effet, sort des entrailles de la terre un spectre terrible, affreux géant qui s'élance contre les nobles vieillards, s'acharne sur eux avec une haine sauvage, les déchire de mille blessures, les fait périr d'une cruelle mort.

Mais alors s'abattent d'en haut des colombes blanches comme la neige. Elles enlèvent aux cieux les deux vénérables victimes. Et brûlant de les poursuivre, leur épouvantable ennemi monte, monte après eux, allongeant, allongeant sa taille sans que ses pieds quittent le sol. Et son corps effroyablement démesuré s'allongeait, s'allongeait toujours. Et ayant conscience de sa force diabolique, le géant monstrueux s'excitait à grandir, à grandir encore, se flattant, dans son orgueilleuse folie, d'atteindre ses victimes au sein même des cieux.

Mais après un temps très court, Dieu qui résiste aux superbes, confondit le monstre et le tua d'un souffle de sa puissance. D'affreux oiseaux de proie, noirs comme les plus noirs corbeaux, se jetèrent sur le gigantesque cadavre, et le précipitèrent en un instant au fond du gouffre infernal.

Saint Nicolas. — Un des saints les plus en renom au XIIᵉ siècle était le grand saint Nicolas, évêque de Myre. Le clergé l'honorait comme son patron spécial, sa fête se célébrait partout avec une pompe solennelle, notamment dans le pays de Sens, à Auxerre, et à Courtenay, petite ville voisine de Cudot. Une église de Courtenay était dédiée à saint Nicolas.

Le 6 décembre, fête du célèbre évêque de Myre, notre extatique vit tout à coup l'illustre pontife. Sa mître jetait des feux éblouissants; sa crosse pastorale rayonnait comme le soleil; son visage vénérable respirait une sainteté surhumaine; ses vêtements, plus blancs que la neige, exhalaient le parfum le plus exquis: les sens étaient enivrés de ce parfum céleste qui ferait dédaigner, comme vile et grossière, toute volupté d'ici-bas.

A la suite de saint Nicolas s'avançait une longue procession d'évêques, de prêtres, de clercs, tous ornés de blanches et éblouissantes parures. Tous, pleins de joie dans le Seigneur, s'unissaient pour célébrer la fête du grand évêque de Myre, leur protecteur et leur modèle.

Les pontifes d'abord chantent des hymnes d'une suave mélodie; le chœur des prêtres répond par d'admirables accents; les clercs enfin font entendre leurs voix harmonieuses.

A son tour, le glorieux évêque de Myre entonne un chant d'actions de grâces: il loue, bénit et glorifie le Seigneur. Les anges l'accompagnent de leurs harpes. Tous les saints, ravis de ces célestes accords, écoutent dans le silence de l'admiration.

Alpais, elle aussi, écoute ces chants du ciel, et son âme est inondée de bonheur.

Tout à coup elle a sous les yeux un spectacle bien différent. Dans une direction opposée se trainent des clercs hideux, à l'aspect repoussant, aux vêtements sordides. L'évêque de Myre les regarde d'un œil sévère, et d'un ton indigné prononce ces dures paroles:

«Que cherchez-vous ici, ministres de Satan?

Comment osez-vous vous montrer devant moi, et paraître en ma présence? Fuyez vite; fuyez, maudits! Vous n'avez point de part à l'héritage du Seigneur; votre place n'est point parmi les élus et les justes. N'espérez rien de moi. Votre vie s'est achevée dans le crime. Quand vous vous rendiez aux églises dédiées en mon nom, quand, le jour de ma fête, vous vous empressiez à la solennité, dans quel but accouriez-vous et que faisiez-vous?

« Vous veniez pour prendre part à de copieux repas; vous vidiez de vastes coupes; vous faisiez pis encore, et c'était, pour mes dévots fidèles, un pitoyable scandale. Vous n'avez semé que des œuvres mauvaises: recueillez maintenant la moisson que vous méritez. Avec le feu vous vouliez jouer; dans le feu vous brûlerez. »

Saint Benoit.—Un jour, aux yeux d'Alpais, apparut un noble vieillard. Sa grande barbe blanche, ses cheveux blancs imprimaient le respect. Vêtu de vêtements sacerdotaux, d'une blancheur éblouissante, il s'appuyait sur le bâton abbatial. «Certains moines des Echarlis, dit-il, n'observent point ma règle, règle qu'ils ont fait vœu de garder. Transmettez ma plainte à l'Abbé des Echarlis. Il faut que l'Abbé soit plus strict à corriger les fautes et les négligences de ses moines; autrement il recevra une admonestation plus sévère.»

— «Qui êtes-vous? demanda Alpais. Quels sont les religieux coupables et qu'ont-ils fait?»

Et la Vierge apprit qu'elle parlait au grand patriarche saint Benoit. Celui-ci lui énuméra les transgressions commises et révéla les noms des transgresseurs.

«Quelques jours après, raconte le narrateur, l'Abbé des Echarlis vint avec moi voir la vierge Alpais. Elle nous transmit le message reçu de notre bienheureux patriarche; le Père Abbé avoua que les reproches étaient justes, et déclara qu'il en tiendrait compte.»

A cette vision s'en rattache une autre intéressant l'Ordre entier de saint Benoit. Les

Bénédictins tenaient un chapitre général. Dans la salle où se réunissait le chapitre, Alpais vit une échelle immense jetant un éclat merveilleux. Elle s'élevait de la terre jusqu'au ciel. A son sommet paraissait s'appuyer le Seigneur, contemplant la salle capitulaire. Sur les degrés de l'échelle des anges montaient et descendaient. Messagers célestes, ils rapportaient une à une à leur divin maître, les décisions du chapitre, prises dans l'intérêt de la gloire du Christ.

A la séance suivante, les abbés apprirent cette vision, et dans un saint transport ils s'écrièrent: «Ce lieu est vraiment terrible: c'est ici la maison de Dieu; c'est la porte du Ciel: *Terribilis est locus iste. Hic domus Dei est et Porta cœli.*»

Alpais qui déjà aimait et vénérait l'Ordre de saint Benoit, conçut pour cet ordre une vénération encore plus grande.

Le Prêtre Richard. — Ecoutons ce récit merveilleux du moine des Echarlis, historien fidèle de notre Sainte:

«Un prêtre nommé Richard, véritable homme
de Dieu, et vaillant adversaire de l'injustice,
devint la victime de son zèle: un méchant qu'il
avait démasqué l'empoisonna. Dieu manifesta
par des miracles la sainteté de son prêtre: au
moment où j'écris ceci (raconte le narrateur),
son tombeau attire une foule de pèlerins:
aveugles, boiteux, paralytiques, fiévreux viennent y implorer leur guérison. Beaucoup s'en
retournent guéris. Voici un des miracles
opérés par l'intercession du vénérable Richard.

Le comte de Vendôme avait été excom-
munié. Cependant, escorté d'une troupe
d'hommes d'armes, il se rend à l'église où
le prêtre Richard a son tombeau, afin de se
recommander aux mérites du défunt. Il franchit
le seuil de l'église; aussitôt tous les cierges
s'éteignent, non-seulement les cierges allumés
autour du saint tombeau, mais les autres
cierges des différents autels. Les assistants
sont saisis d'étonnement et d'effroi; le comte
épouvanté prend la fuite, et sur le champ

d'eux-mêmes, sans qu'aucune main y touche, tous les cierges se rallument.

«Le prêtre Richard a été mon maître; c'est lui qui, dès mon enfance, m'a élevé et instruit chez mon père. Heureux de le voir honoré d'une si grande gloire, je voulus consulter sur ces miracles la vierge Alpais que je vois très souvent. A force d'instances et de sup-plications, je lui arrachai la promesse qu'elle demanderait au Seigneur de lui révéler les mérites et la béatitude du vénéré défunt. Quelques jours plus tard, la vierge Alpais vit une colombe blanche comme la neige, des-cendant des cieux sur le tombeau de Richard. La blanche colombe se posa sur la pierre sépulcrale et se mit à la parcourir en tous sens. Tout à coup la pierre tombale se fendit d'une extrémité à l'autre, en deux morceaux qui s'écartèrent pour laisser voir le corps du saint prêtre. Ce corps, resplendissant d'une beauté céleste, se redressa dans sa tombe et s'assit sur le rebord, et d'un lait précieux, symbole de la doctrine évangélique, il aspergeait des foules innombrables qu'Alpais dans sa vision voyait accourir. Après quoi le mort se recoucha dans sa tombe, la pierre tombale rejoignit ses deux moitiés et recouvrit le sépulcre.

La blanche colombe déploya ses ailes et s'envola vers les cieux.

UNE SAINTE PAYSANNE.—Une vieille et sainte femme demeurait à Cudot près de la maison de la mère d'Alpais. Elle mourut. Alpais, conduite par son ange, fut témoin de sa mort. L'ange emmena l'âme de la défunte suivie d'Alpais, devant la Mère du Seigneur environnée du cortège de ses vierges, de ses vierges à la royale parure plus blanche que la neige, et dont la voix chantait le cantique nouveau qu'elles seules peuvent chanter.

Alpais et la vénérée défunte se tenaient modestement à distance. La Reine de miséricorde les aperçut, et leur commanda d'approcher. Elles prirent rang aussitôt dans le chœur des vierges et, sous le souffle de l'Esprit-Saint, elles chantèrent, elles aussi, ce cantique nouveau que nul encore ne leur avait appris. Les chants se prolongèrent, puis la Reine des cieux ordonna à l'ange de reconduire à son corps l'âme d'Alpais: l'âme de la défunte devait seule rester au milieu du chœur virginal. Alpais se retirait toute confuse, presque honteuse, regrettant d'être obligée de reprendre la vie de la terre. Elle ne portait point envie à l'amie de sa mère, mais elle désirait ardemment être délivrée de son corps mortel, afin de prendre place pour toujours parmi les épouses de l'Agneau.

Tout ceci s'était passé dans une extase. L'extase terminée, Alpais apprit de sa mère que leur vieille voisine était morte et qu'on venait de l'enterrer.

Bernard le père d'Alpais.—Une autre fois, Alpais eut la joie de voir dans la béatitude l'âme de son père, l'honnête et laborieux Bernard qu'elle avait tant aimé. Voici à quelle occasion. Un jeune homme du bourg de Cudot était à l'agonie. Alpais tomba en extase et vit venir Bernard son père, accompagné du père de l'agonisant. Tous les deux n'étaient plus de ce monde.

Revêtus de tuniques d'une blancheur éblouissante, ils saluèrent Alpais qui les contemplait toute joyeuse. «Où allez-vous? dit-elle, et que cherchez-vous?»—«Nous allons, répondirentils, chercher l'âme de ce jeune homme pour l'emmener avec nous.» Puis ils se dirigèrent vers la demeure de l'agonisant. Dès qu'ils furent entrés, l'âme du jeune homme fut délivrée des liens de son corps.

CHAPELLE — QUI FUT LA CHAMBRE DE Ste ALPAIS

CHAPITRE DIXIÈME

AUTRES VISIONS

Visions relatives à la Sainte Messe et à l'Eucharistie.—
Vue à distance.—
La science physique d'Alpais.

UNE COMMUNION PASCALE.—Un jour de Pâques, l'esprit d'Alpais transporté au-dessus de la terre, voit d'un seul regard l'intérieur de toutes les églises. Elle assiste à la communion pascale de tous les fidèles du Christ.

Dans chaque église, au-dessus des foules en prière, apparaissaient des anges, faisant cortège au Souverain Maître qui cache sa gloire dans les tabernacles. Quand s'approchaient de la Sainte table des prêtres ou des moines, la Sainte hostie, comme empourprée de sang, couronnait chaque tête d'une auréole, à la hauteur de la tonsure. Et les anges, prenant l'hostie avec un respect profond, l'emportaient, en chantant des hymnes, jusqu'au trône de Dieu.

Pour beaucoup de communiants, rien d'extraordinaire ne se passait; la Sainte hostie descendait en eux comme dans une demeure paisible.

Plusieurs enfin, chose triste à dire, avaient une âme souillée par le péché, et indigne de l'auguste Sacrement. Sur leurs lèvres, la blanche hostie se changeait en noir charbon.

LA SAINTE HOSTIE.—Un jour de la Toussaint, Alpais se vit tout à coup dans l'église de l'abbaye des Echarlis. L'abbé chantait la messe solennelle. Autour des moines se pressaient des anges nombreux. Quand sonna le *Sanctus*, d'autres anges descendirent du ciel: leur foule était telle qu'ils remplissaient l'église, depuis le pavé jusqu'à la voûte. Et au-dessus du célébrant, au-dessus de ses mi-

nistres et des autres moines, les anges se tenaient respectueux, comme des serviteurs fidèles aux ordres du Souverain Maître, dont le
corps et le sang allaient être offerts en sacrifice.

L'abbé prononça les paroles sacramentelles,
puis ses mains élevèrent le pain consacré.
A ce moment, l'extatique vit, entre les mains
du prêtre, non pas une simple hostie, mais
un bel et gracieux Enfant, si gracieux et si
beau qu'aucun enfant des hommes ne saurait
lui être comparé. Au-dessus de l'Enfant divin,
les cieux s'ouvrirent; et des cieux descendirent
sur l'autel, deux des premiers séraphins. Avec
la plus profonde vénération, ils prirent entre
leurs bras l'Enfant, fils unique du Père, et le
transportèrent jusqu'au ciel, devant l'éternelle
Majesté. Puis, rapides comme l'éclair, les deux
séraphins rapportèrent le divin Enfant entre
les mains du célébrant. La messe achevée, la
foule angélique s'envola aux cieux, exaltant
dans des hymnes de gloire le Seigneur roi
de tous les Saints.

Le prêtre a l'autel.—Un autre jour, le curé de Cudot se présenta chez Alpais. Il venait de célébrer la messe dans son église paroissiale. La malade lui dit:«Votre visage n'a plus l'éclat lumineux et l'admirable splendeur que je lui voyais ce matin, tandis que vous célébriez les Saints Mystères.

—« Pouvez-vous donc savoir comment j'étais? répond le prêtre étonné. Vous ne sauriez d'ici me voir dans mon église.

—«Si, vraiment, je vous ai vu, reprend Alpais; je vous ai vu au Saint Autel lorsque, enveloppé tout entier de lumière, vous éleviez au-dessus du calice le Corps sacré de Notre-Seigneur. De l'hostie vous avez fait trois parts, et vous avez laissé tomber une part dans le calice, dans le précieux Sang. Oui, c'est bien là le vrai corps que Notre Sauveur daigna prendre pour nous au sein de la bienheureuse Vierge Marie; le vrai corps qui pour nous a été suspendu à la croix; le vrai corps qui pour le salut des chrétiens, fut percé de clous et blessé de la lance. Oui, ce sang glorieux que contenait le calice, c'est bien le sang répandu sur la croix: mon cœur le croit, ma bouche le proclame, et c'est avec cette foi que les fidèles doivent recevoir ce Sacrement adorable, s'ils veulent être sauvés par Celui qui les a rachetés.»

LE MEMENTO. — Un fervent religieux des Echarlis avait coutume, au *Memento* de la messe, de recommander nommément à Dieu l'extatique de Cudot. Un jour, pour arriver de bonne heure chez la Sainte, il dit la messe plus tôt qu'à l'ordinaire, et oublia le nom d'Alpais au *Memento*. La messe achevée le religieux se dirige en hâte vers la cellule de la malade.

— «Mon Père, lui dit celle-ci, avez-vous célébré la messe ce matin?»

— Oui, par la grâce de Dieu.

— «Je sais, mon Père, que vous avez eu le bonheur de dire la messe aujourd'hui, et un moine de vos amis vous a cédé son autel. Mais pendant cette messe, vous vous pressiez beaucoup, et vous avez oublié au *Memento* une personne dont le nom ne vous échappe jamais. »

A ces paroles le bon moine rougit et ne peut répondre un seul mot. Il réfléchit en silence, et se rappelle qu'en effet il ne s'est pas souvenu d'Alpais au *Memento.*

Les consciences dévoilées.—Un paroissien de Cudot, coupable d'une faute très grave, va se confesser à son curé. Sa faute lui causait une très grande honte: néanmoins il a le courage de la confesser franchement, et d'accepter avec docilité la pénitence sacramentelle. Le curé vient ensuite, suivant sa coutume, rendre visite à la malade. « J'aurais voulu venir plus tôt, dit-il, mais j'ai été retenu à l'église.

—« Je le sais, dit l'extatique, et je connais la cause de votre retard. Un de vos paroissiens a eu le bonheur de faire une excellente confession; il a avoué un crime très honteux dont la grâce divine l'a purifié. »

Et elle révéla au prêtre le péché dont il avait

reçu l'aveu. Le curé interdit demeura muet de stupeur.

Un religieux des Echarlis, s'était vu adresser par la sainte une monition. La monition était faite en termes très aimables et très gracieux; le moine néanmoins en fut singulièrement touché. L'extatique lui faisait entendre qu'il se laissait aller à des distractions assez fréquentes, presque involontaires. «Je vous en supplie, dit-il à Alpais, demandez à Dieu de vous faire connaître, dans vos extases, ce qui lui déplaît le plus en moi. J'espère avoir le courage de me corriger.»

«Non, dit Alpais; je ne demanderai point à Dieu de telles choses. Je suis indigne, très indigne de pareilles révélations. Dieu seul connaît le fond des cœurs. Ce n'est point à moi à sonder les consciences; ne me parlez jamais de ceci.»

Le religieux se retira confus, mais les jours suivants il revint à la charge, et Alpais dut céder à ses instances persévérantes. Quelques jours après, dans une extase, le Seigneur manifesta à Alpais les secrets de la conscience de l'humble religieux.

Celui-ci, à sa première visite, interrogea d nouveau Alpais. La pieuse malade, toute confuse, lui rappela une foule de péchés dont il n'avait pas gardé le moindre souvenir, péchés de sa jeunesse et même de sa petite enfance. Elle lui remit devant les yeux bien des manquements, bien des négligences depuis longtemps sortie de sa mémoire, et dont personne au monde n'avait entendu parler. «Veillez sur vous désormais, lui dit-elle; ne vous pardonnez rien; confessez humblement toutes ces fautes; demandez-en pardon et faites-en pénitence.»

Le moine, avec une docilité admirable, se soumit à tous les conseils de l'extatique.—Et moi, raconte le narrateur, moi confident de si merveilleuses révélations, j'ai su du moine lui-même l'exacte vérité de tout ce qu'on vient de lire.

Les prédestinés.—Puisque Dieu daignait révéler à sa servante le fond des cœurs, est-il étonnant qu'il lui ait révélé parfois la destinée future des âmes? D'après l'historiographe Césaire, contemporain d'Alpais, la sainte malade aurait eu le don de connaître si ses visiteurs étaient prédestinés, ou s'ils devaient un jour partager les supplices des démons. Ce don prodigieux aurait été accordé à l'extatique le jour où elle eut sa belle vision de l'Eglise, de l'Eglise symbolisée par l'arbre immense couvrant de ses rameaux tout le genre humain.

Vue a distance.—Deux moines de l'abbaye de Pontigny étaient venus visiter la Sainte; l'un était prêtre, l'autre frère convers. Tous deux eurent avec Alpais un entretien assez long; puis le frère se retira, et laissant le Père dans la cellule, s'en alla sur le chemin réciter ses psaumes. Une pluie survint; le frère convers, absorbé dans sa prière, n'y faisait aucune attention.

Tout à coup Alpais dit au religieux resté avec elle: «Allez donc appeler le frère convers et faites-le rentrer.»

Le Père, s'imaginant que son compagnon était à se chauffer au foyer de la communauté, ne prit pas garde à la parole d'Alpais. Celle-ci insista.

—«Ce n'est pas la peine, dit le Père; mon compagnon n'est pas dehors, comme vous le croyez: il est, j'en suis sûr, au chauffoir commun avec les autres.»

—«Il est sous la pluie, reprit la Sainte. Je vous en supplie, mon Père, ne le laissez pas dehors. »

Le Père sortit donc, trouva en effet le bon frère et le fit rentrer; les deux religieux étaient frappés de surprise, et ne s'expliquaient pas comment la paralytique, immobile dans son lit, avait pu voir ainsi à distance.

Le matin d'une grande fête, deux frères convers, employés dans une *grangia* ou ferme dépendante des Echarlis, partirent pour le monastère, afin d'y célébrer la solennité. Leur chemin les rapprochait de Cudot; ils se détournent un peu de leur route et entrent chez la Sainte. Ils s'entretiennent quelques instants avec elle, puis s'en vont aux Echarlis; à l'entrée de l'église, ils se donnent l'eau bénite, et se séparent. L'un va s'agenouiller devant le maître-autel, l'autre se rend sans plus tarder au chapitre, pour entendre le sermon. Les deux Frères ne se retrouvent qu'à la grand'messe.

Après Vêpres, ils retournent vers leur *grangia*. En passant devant la cellule d'Alpais, ils y entrent de nouveau.

L'un d'eux dit à la malade:«Avez-vous vu, depuis ce matin, quelque chose?

—«Oui, répond Alpais. J'ai vu toute votre fête. J'ai assisté à la messe avec les moines, et je n'ai quitté le monastère que peu de temps avant vous.»

—«Est-ce possible?dit le Frère étonné! M'avez-vous reconnu, moi et mon compagnon, au milieu des autres moines?

— « Je vous ai reconnu parfaitement: vous êtes arrivés ensemble à la porte de l'église; vous vous êtes donné mutuellement l'eau bénite; vous, Frère Jean, vous êtes resté à prier devant l'autel; et vous, Frère Jacques, vous vous êtes rendu à la salle du chapitre pour écouter le sermon. Je vous ai retrouvés ensemble à la grand'messe.»

Les bons Frères ébahis n'en pouvaient croire leurs oreilles. Ils reprirent le chemin de leur *grangia*, racontant à tout venant ce que leur avait dit la sainte malade.

Un clerc était à Cudot pour consulter la Sainte. Le curé l'introduisit dans la cellule. La malade, à ce moment, dormait. «En attendant qu'elle se réveille, dit le clerc, allons jusqu'au village voisin. J'ai là quelqu'un à voir. »

—Je vais avec vous, dit le curé.» — En route, le clerc se met à débiter de nombreuses tirades en vers du *roman de Tristan*; ce poème était en grand renom.

Quelques heures après, nos deux promeneurs reviennent chez la Sainte. Ils la trouvent réveillée. «Ce clerc, lui dit le Curé, désire vous demander un conseil, et il voudrait bien aussi vous entendre raconter quelqu'une de vos visions.»

—Alpais se mit à rire: «Oh! dit-elle; il vous en a conté bien plus qu'à moi. C'est à vous de lui donner la réplique.»—Et que m'a-t-il conté? demande le curé; comment savez-vous ce qu'il a pu me dire?

—Je le sais, répond la malade, je le sais. Ce clerc est déjà entré ici ce matin. Je dormais. Vous êtes partis ensemble pour le village, là-bas. En route, ce clerc vous débitait de longues tirades du *roman de Tristan*. A quoi bon maintenant d'autres récits?»

A ces mots les deux visiteurs interdits sortirent de la cellule. «Comment, se disaient-ils, a-t-elle pu nous voir et nous entendre?»

Dans une autre circonstance, l'extatique vit un fait qui se passait à plusieurs lieues de

Cudot. «Voici, dit-elle, ce qui m'a été montré: Un homme livré au démon épouvantait tout le voisinage. Ses gardiens avaient dû le charger de chaînes. Le démon, pour en finir, feignit de s'éloigner de lui. Le malheureux devint tout à coup calme et tranquille; on le débarrassa de ses chaînes; il s'endormit dans son lit et ses deux gardiens s'endormirent à ses côtés.

Aussitôt le diable accourut, et appelant sa victime par son nom: «Un tel, cria-t-il, lève-toi vite; et suis-moi.»

—«Un moment, répond l'infortuné; attends-moi, j'arrive.»

Et se levant, il s'enveloppa de son manteau, sans réveiller ses gardiens, et sortit de sa demeure.

Deux affreux démons lui saisirent les mains et l'entraînèrent au fond du fleuve. A la vue de l'eau, le malheureux voulut se baigner; mais il pensa que son manteau serait pris, s'il le laissait sur la rive. Il repartit donc en hâte vers sa maison; il y jeta son manteau, et reprit sa course vers le fleuve. Il s'y précipita d'un bond et s'y noya.

De nombreux démons, à l'aspect hideux, se saisirent de son âme, et se la lancèrent de l'un à l'autre; puis d'un vol pesant ils l'emportèrent en enfer.

Alpais en racontant ce fait effrayant désignait le lieu où il s'était passé. On alla aux renseignements. Les habitants du lieu dirent qu'en effet le démoniaque s'était noyé dans le fleuve, après avoir couru chez lui reporter son manteau.

Alpais et les savants.—Les choses extraordinaires qu'on vient de lire montrent quelles célestes communications recevait l'humble malade de Cudot. A cette ignorante bergère, qu'aucun maître humain n'avait instruite, Dieu découvrait des horizons que la science humaine ne peut soupçonner. La modeste Alpais avait obtenu l'intelligence des choses divines. Elle interprétait, sans hésiter, les plus difficiles passages des saintes Ecritures; sur les mystères de la foi elle avait des aperçus lumineux; les plus hautes questions de la théologie lui étaient familières.

Ainsi quand mourut, en 1181, la célèbre sainte Hildegarde, abbesse de Mont-Saint-Rupert, près de Mayence, on apporta à Alpais les écrits prophétiques de la grande sainte d'Allemagne. Alpais expliquait ces prophéties, les interprétait, les complétait de ses prophéties personnelles.

Dans les choses qui sont du ressort de la science humaine, elle avait des intuitions de génie. Pour l'œil de son âme, il semblait n'y avoir ni obstacles ni distances, ni aucune de ces entraves matérielles qui arrêtent à chaque instant nos faibles regards.

Les savants accouraient de loin pour l'interroger; ils lui posaient mille questions, — questions parfois très étranges.

L'AME HUMAINE. — Vous nous assurez, disaient-ils, que votre âme s'est transportée ici ou là; qu'elle a contemplé tel ou tel spectacle.

Mais qu'est-ce qu'une âme? Quelle est sa nature? Le savez-vous?

—Dans vos extases, est-ce votre âme seule qui voit? Quand elle se sépare de son corps, a-t-elle conscience que son corps reste ici? Le voit-elle?

—Et comment peut-elle voir? A-t-elle des yeux?

A tout ceci, Alpais, l'ancienne bergère, faisait d'admirables réponses; ces réponses frappaient d'étonnement les plus doctes et les plus profonds philosophes.

L'âme, disait-elle, a été créée à l'image de Dieu. Expliquer la nature de l'âme est aussi impossible qu'expliquer la nature de Dieu.

Rien, dans ce monde visible, ne ressemble à l'âme humaine. Entre notre âme et les êtres que nos yeux aperçoivent, il n'y a aucune analogie, aucune comparaison. Nous ne pouvons concevoir ce qu'est un pur esprit; notre pensée ne saurait y atteindre; d'ailleurs si notre intelligence entrevoit quelque chose, les expressions nous manquent pour nous faire comprendre.

L'âme est simple, invisible, immatérielle. Elle n'est point, comme le corps, divisée en parties diverses, en membres divers. Elle n'a point de mains pour toucher, point de pieds pour marcher, point d'yeux pour voir, point d'oreilles pour entendre. Chaque sens du corps ne peut éprouver que des sensations spéciales. L'oreille, par exemple, ne peut voir, et l'œil ne peut entendre. L'âme, au contraire, agit tout entière à la fois et en même temps. Ainsi tout ce qu'elle touche, elle le touche tout entière, tout entière elle éprouve l'impression agréable ou pénible du froid, du chaud, de l'humide, du sec, du doux, du dur. Elle discerne ces sensations par tout son être à la fois, quand même le corps ne serait en contact avec l'objet extérieur que par l'extrémité d'un doigt.

C'est sa substance totale qui perçoit les

odeurs, qui distingue les saveurs, qui entend les sons, qui contemple les objets et en garde le souvenir. En un mot, l'âme tout entière possède chacune de ses facultés; tout entière elle est le siège de la mémoire; tout entière elle voit, et même voit entièrement et à la fois sa propre substance, mais seulement lorsqu'elle est séparée du corps. Tant qu'elle est enchaînée au corps, il lui est impossible de se voir, parce qu'elle ne saurait alors se recueillir complètement en elle-même et se considérer seule, embarrassée qu'elle est par les mille images ou représentations des choses matérielles, images qui lui arrivent sans cesse de l'extérieur par les sens du corps.

Il faut dire aussi que l'âme n'est renfermée dans aucun lieu; elle n'est limitée par aucun espace, car elle n'a point d'étendue et on ne saurait la mesurer.

L'âme n'est pas non plus contenue dans son corps, internée dans son corps, confinée, enserrée dans l'étendue des membres qu'elle anime. L'âme est tout entière dans chaque partie du corps, car elle-même n'occupe aucune place.

Présente tout entière en tous ses membres et en chacun de ses membres, elle n'est ni diminuée dans les membres d'une dimension moindre, ni plus grande dans les parties d'une dimension plus considérable. Elle est tout entière et absolument la même dans chaque partie en même temps, quoique se manifestant d'une manière plus active tantôt ici, tantôt là.

De même que Dieu est partout, dans tout son univers et dans chacune des créatures de l'univers, vivifiant tout, selon ces paroles de l'Apôtre: « En lui nous avons la vie, le mouvement et l'être, » ainsi l'âme est tout entière dans tout son corps et dans toutes les parties de son corps, comme dans son monde, le vivifiant, le mouvant et le gouvernant, ayant cependant son trône spécial au cœur et au cerveau, comme nous disons de Dieu qu'il habite plus spécialement au ciel.

Et de même que Dieu réside dans l'ensemble de l'univers, au centre et à la superficie, aux régions inférieures non moins qu'aux régions supérieures, ainsi en est-il de l'âme à l'égard de son corps. Pour le diriger, c'est à la partie supérieure qu'elle se manifeste; pour le maintenir droit, c'est sur la base qu'elle agit. Pour exprimer qu'elle le pénètre, on dit qu'elle est au dedans; mais elle est aussi véritablement à l'extérieur du corps, puisqu'elle l'enveloppe et le contient.

Enfin, de même que Dieu ne grandit ni ne se dilate dans les créatures grandissantes, qu'il ne se comprime ni ne se diminue dans les créatures décroissantes, ainsi l'âme ne grandit pas, ne se dilate pas dans les membres du corps les plus considérables; elle ne se comprime ni ne se diminue dans les membres plus petits.

«Voilà, s'écrie enthousiasmé, le moine des Echarlis, voilà ce que vit de l'âme une jeune fille simple comme une colombe.»

On comprend qu'en entendant de telles réponses de la bouche d'une ancienne bergère, les plus doctes et les plus savants hommes restaient frappés de stupeur.

Présence en plusieurs lieux.—Quelques-uns cependant osaient insister. « Comment, disaient-ils, votre âme, dans vos extases, est-elle à la fois séparée da son corps et unie à son corps? Elle en est séparée, puisqu'elle laisse ici son corps pour s'envoler dans l'immensité des cieux. Elle y est unie néanmoins d'une certaine manière, puisque le corps continue à vivre. Comment expliquez-vous cela?

Cela, Alpais ne l'expliquait point. Elle gardait une prudente réserve, n'osant rien décider, rien résoudre.

Quatre cents ans plus tard, l'extatique sainte Thérèse écrira: « Pendant toutes ces visions, toutes ces extases, l'âme est-elle unie au corps ou en est-elle séparée? Je ne sais, je ne voudrais affirmer ni l'un ni l'autre. »

Des faits extraordinaires, qu'on lit dans la vie des saints, prouvent que le corps peut s'en aller avec l'âme, tout en restant visible dans le lieu que l'âme semblait avoir quitté. Ainsi, en 1631, la Mère Agnès de Jésus, prieure du couvent de Langeac en Auvergne, fut visible en même temps à Paris, chez M. Olier, fondateur de Saint-Sulpice, et au monastère de Langeac, à plus de cent lieues de Paris.

Pendant qu'elle se montrait et parlait à Paris, son corps au monastère de Langeac était immobile et inerte, et le médecin affirmait que la mère prieure était morte. Au bout de vingt-quatre heures, la vénérable Agnès poussa un profond soupir et reprit ses sens aux yeux de ses sœurs stupéfaites.

Ainsi encore, en 1774, le 21 septembre, St Liguori étant dans son diocèse à Arienso (royaume de Naples,) parut s'évanouir après sa messe. Etendu dans un fauteuil, il resta deux jours sans donner aucun signe de vie. Pendant ce temps on le voyait à Rome, entrer

dans la chambre du pape Clément XIV près
de mourir; il consolait les dernières heures
du Souverain Pontife.

Ce trait de la vie de saint François Xavier
est plus merveilleux encore. Saint François
Xavier s'en allait du Japon vers la presqu'île
de Malacca, lorsqu'une tempête terrible faillit
faire sombrer son navire. Au navire se trouvait
amarrée une grande chaloupe montée de
quinze hommes; les vagues furieuses rompirent l'amarre et la chaloupe disparut, emportée bien loin. Pendant trois jours on la
crut perdue à jamais. Xavier néanmoins
adressait à Dieu de ferventes prières. De temps
en temps il disait au capitaine: «Faites monter
à la hune, pour découvrir la chaloupe.» On
n'apercevait jamais que l'écume des vagues.—
«Il n'y faut plus penser, répondait le pilote,
la chaloupe est perdue.» Le troisième jour,
Xavier dit: « Baissez les voiles pour retarder
notre marche, afin que la chaloupe puisse
nous rejoindre.» On baissa toutes les voiles

et on attendit trois heures. Mais le roulis fatiguait horriblement le navire, et les passagers crièrent: *«A la voile!»* — «Attendez encore un peu,» reprit le Père, et se penchant sur la vergue pour s'opposer à la manœuvre, il éclata en sanglots, puis recommença à prier et enfin, épuisé de fatigue, sembla s'assoupir.

Tout à coup, un enfant cria: «Miracle, miracle! voilà la chaloupe!» La chaloupe apparaissait sur les vagues à une portée de mousquet. Cris d'enthousiasme. Matelots et passagers se jettent aux pieds de Xavier, qui tout confus, s'enfuit dans sa cabine. La chaloupe accoste; on l'amarre au navire, et ses quinze hommes montent sur le pont. On les embrasse comme des ressuscités: «Comment avez-vous pu nous revenir?» leur demande-t-on. — Nous marchions très bien, répondent-ils, et nous n'avions aucune peur, car le Père François était notre pilote. — Que dites-vous! Le Père François! mais nous l'avions ici, sur le navire! — Certainement non; il se trouvait avec nous dans la chaloupe; mais où est-il? il a disparu au moment où nous avons abordé.»

On court à la cabine du saint; chacun veut se prosterner à ses genoux. «Laissez-moi, dit-il, ce n'est pas ma main, c'est la main du Seigneur qui vous a sauvés. Remerciez le bon Dieu!»

Alpais ne prétendait nullement expliquer ses extases. Quand on l'obligeait par exemple, à raconter ses fameuses visions du ciel et qu'on lui disait: Vous prétendez avoir vu aux cieux des innocents décapités, des processions de saints tenant en main des cierges, tout cela n'est que rêverie, rêverie de votre imagination. Humble, modeste, naïve, la malade répondait:

«Ces visions dont vous me réclamez le récit, je vous les raconte comme je les ai vues. Reproduisent-elles la vérité réelle; les choses sont-elles exactement, absolument, telles qu'elles me sont montrées? je n'en sais rien: Dieu seul le sait. Abandonnons-nous à lui.

De plusieurs de mes visions je dirai: Que signifient-elles? Que peuvent-elles exprimer? Je l'ignore. Vous me dites qu'au Ciel il n'y a point de cierges; tout ce que je sais, c'est qu'à la fin de ma vision des cierges, un morceau de cierge est resté dans ma main. Quelle que puisse être la vérité en ces questions, je ne suis point trompeuse. Ce que je vous dis, je le vois comme je vous le dis, et je vous le dis comme je le vois. »

Nous ne prétendons nullement expliquer ce que l'extatique n'expliquait pas elle-même. Bornons-nous à rappeler que dans la vie des Saints se lisent des faits inexplicables. Sainte Lidwine, entre autres, (1380-1433), clouée sur son lit comme notre Alpais, faisait aussi, en compagnie d'un ange, de merveilleux voyages, et, comme Alpais, elle rapporta de ces voyages d'indiscutables preuves. Pendant une extase, elle s'était vue au milieu d'épais buissons d'épines qui l'avaient blessée cruellement. A son réveil, elle avait à la main une blessure douloureuse; de cette blessure on retira une épine.

SCIENCE PHYSIQUE D'ALPAIS.—Nous avons dit plus haut que même dans les choses qui ressortent de la science humaine, l'humble bergère de Cudot avait des intuitions de génie. Plus d'une fois, ravie en extase, elle embrassait du regard la terre entière, l'ensemble des mondes, l'univers tout entier. «L'ensemble du monde dit-elle un jour, est de forme circulaire et sphérique;—le soleil est plus grand que la terre;—la terre est suspendue dans l'espace, ayant une ceinture d'eau qui l'environne de tout côté.»

Rappelons-nous sa fameuse vision de la Toussaint. Alpais transportée au milieu des chœurs angéliques, aperçut dans le lointain, et comme au fond d'une vallée très profonde et obscure, le *globe de la terre.*

«Et ce globe se gonflait.

«Et soudain la vierge vit toute la terre re-nouvelée.

«Et, tout entière, la terre resplendissait d'une blancheur pareille à celle de la craie la plus brillante. Et notre Alpais élevée bien au-dessus de la région des nuages, embrassait de son regard tout l'ensemble de la machine du monde.

«Elle voyait la terre entière à la fois, au milieu du firmament.

«Et la terre tout entière ne paraissait à ses yeux que comme une élévation très minime.»

Les savants du XII⁰ siècle étaient stupéfaits d'entendre une ignorante bergère indiquer de tels aperçus. La science, à cette époque, était très peu avancée. Beaucoup regardaient la terre comme une surface plane et non comme une sphère. Le soleil, à leurs yeux, n'était qu'un brillant luminaire, bien inférieur en volume à notre monde terrestre.

Pouvaient-ils s'expliquer que notre globe est suspendu dans l'espace, sans point d'appui pour lui servir de base, sans lien d'aucune sorte pour le retenir au-dessus de l'immensité?

Nous savons que l'Océan sans bornes enveloppe les continents; mais au XIIe siècle, bien des doctes ne s'en doutaient pas.

Comment une ignorante bergère pouvait-elle être plus instruite que les savants de son siècle?

«Ce qui frappe d'étonnement, remarque un contemporain, le chroniqueur Robert d'Auxerre, c'est de rencontrer dans une paysanne une telle science, c'est de trouver dans cette fille des champs ce don éminent de doctrine et de sagesse. Plusieurs fois, ajoute-t-il, je me suis entretenu avec elle et, je l'avoue, j'ai été frappé de stupeur. Je ne pouvais m'expliquer dans une femme une telle sagesse, une telle prudence, une telle réserve. Elle est si prudente dans son langage, si discrète dans ses conseils, ses exhortations sont si salutaires, que manifestement Celui qui enseigne toute science a choisi en elle sa demeure, a établi en elle son séjour.»

CHAPITRE ONZIÈME

LES DERNIERS JOURS D'ALPAIS

**Le roi Louis VII. — Philippe-Auguste. — La Reine. —
Deux chartes royales. — Le corporal et l'Enfant. —
Mort d'Alpais.**

La renommée d'Alpais s'était étendue au
loin. On ne parlait que de l'extatique, dans
tous les monastères de France, de Champagne,
de Normandie. Les pèlerins accouraient d'Angleterre et d'Allemagne. Dans l'humble cellule
de Cudot se pressaient tour à tour les petits
et les grands, les prêtres, les moines, les abbés,
les évêques, les châtelaines et les chevaliers.
On y vit même le roi et la reine de France,
le roi Philippe-Auguste et la reine Alix ou Adèle.
Les chroniqueurs de l'époque racontent com-

ment la naissance de Philippe-Auguste ne fut
accordée qu'après de longues et ardentes
prières. Le roi de France, Louis VII, était
marié depuis vingt-huit ans, et n'avait jamais
eu que des filles. En 1164, le chapitre général
de l'Ordre de Citeaux se trouvant réuni, le
roi Louis VII se présenta devant le chapitre
et, tombant à genoux, joignant les mains, il
protesta les yeux pleins de larmes, qu'il ne
se relèverait pas avant que la pieuse assemblée
n'eût promis d'intercéder auprès de Dieu pour
obtenir à la France un héritier du trône.

«Nous prierons tous pour le royaume de
France, s'écrièrent les religieux, et Dieu ne
nous refusera pas un prince.»

L'année suivante, 22 Août 1165, naissait à
Paris Philippe-Dieudonné-Magnanime-Au-
guste, qui devait un jour écraser les Anglais
et les Allemands.

Nous avons dit déjà quels liens rattachaient
notre Sainte Alpais à l'Ordre de Citeaux. Nul
doute que l'humble malade n'ait joint ses

prières à celles des religieux ses amis, à celles de toute la France. Ses historiens ne craignent pas d'assurer que les supplications d'Alpais eurent une grande part à la naissance du royal héritier, et aux bénédictions dont il fut comblé plus tard.

L'enfant royal grandit. Sur lui reposent toutes les espérances. Il se voit entouré de tous les soins que peut imaginer la plus vigilante tendresse. A peine a-t-il treize ans que l'on commence les préparatifs solennels de son sacre. La magnifique fête doit avoir lieu dans la cathédrale de Reims, le jour de l'Assomption, 15 août 1179. Tout à coup le jeune prince est saisi d'une fièvre terrible; tous les remèdes semblent impuissants. Le royaume est plongé dans la plus navrante désolation.

Voici ce qui était survenu:

Quelque temps avant la fête de l'Assomption, raconte le chroniqueur de Saint-Denis, le roi Louis VII se rendit à Compiègne avec son fils Philippe. Le jeune prince, un jour, s'en alla chasser dans la forêt. Emporté par son cheval, il s'égara à travers les taillis, et toute la soirée erra par les sentiers sans retrouver aucun de ses gardes. La nuit approchait: l'enfant commençait à s'effrayer. Poussant un grand soupir et un grand gémissement, il fit le signe de la croix, se recommanda à Dieu, à la douce Vierge Marie et à saint Denis, patron du royaume de France.

Sa prière finie, il regarda à droite, et vit au fond d'un sentier un charbonnier qui soufflait le feu dans sa charbonnière. Ce charbonnier était d'une stature gigantesque; il portait à son cou une grande cognée; son regard sombre et effrayant faisait peur.

Quand l'enfant royal aperçut cet homme tout noir dans la poussière et la fumée du charbon, il eut un frisson d'effroi; mais comme il était courageux et hardi, il s'approcha du charbonnier et le salua gentiment. «Sire, lui dit-il, je suis un gentilhomme qui viens de chasser dans la forêt. J'ai perdu tous mes compagnons et ceux qui me devaient garder. Je vous prie et requiers de me conduire à la ville: vous aurez bonne récompense.» Le charbonnier laisse là son charbon, et par une adressée ramène son Seigneur à Compiègne. Mais l'émotion avait été trop forte pour le royal enfant; la fièvre le saisit, et en quelques jours il sembla aux portes du tombeau.

Qu'on juge du désespoir du roi et de la reine! Le royaume entier se mit en prières. Les monastères surtout adressèrent au ciel les supplications les plus ferventes; et dans le diocèse de Sens, on recourut particulièrement à l'extatique de Cudot. Dieu eut pitié du royaume, et le jeune prince recouvra la santé.

Est-ce pour témoigner sa reconnaissance à Alpais que la reine de France, l'année suivante, vint à Cudot, attester par un document officiel sa vénération pour l'extatique?

Voici la charte de la reine Alix ou Adèle:
«Au nom de la Sainte et indivisible Trinité,
«Ainsi soit-il.

«Adèle, par la grâce de Dieu, reine des
«Francs, à tous ceux qui verront les présentes,
«salut en l'Auteur du salut.

«C'est une sage coutume de consigner dans
«des actes authentiques les donations chari-
«tables provenant de la munificence royale.
«Ainsi arrive à la connaissance de la postérité
«le souvenir des libéralités faites dans les
«âges antérieurs; ainsi au besoin on empêche
«les dites donations de tomber en oubli, ou
«d'être contestées et annulées par la malice
«des méchants. C'est pourquoi, par les pré-
«sentes, faisons savoir et attestons à tous,
«présents et à venir, que, en vue de Dieu et
«pour le salut de notre âme, et pour l'âme
«de notre Seigneur et époux Louis, de bonne
«mémoire, illustre roi des Francs; et aussi
«pour les âmes de nos prédécesseurs, et pour
«l'amour de la vénérable dame Alpais, qui
«mène ici une vie glorieuse et inimitable:
«Nous faisons donation aux chanoines de Cudot
«d'une rente annuelle d'un muid de blé selon

«la mesure de Villeneuve, à percevoir, notre
«vie durant, en nos moulins de Villeneuve,
«le lendemain de la Purification de la Bien-
«heureuse Marie.

«En foi de quoi nous avons ordonné de
«rédiger le présent acte, et de le sceller de
«notre sceau.

«Fait publiquement dans la chapelle de
«Cudot, l'an de l'Incarnation du Seigneur
MCLXXX (1180.)»

Les trois années qui suivirent furent remplies de graves évènements politiques. Le
jeune roi eut à lutter contre de redoutables
ennemis. En 1184, le péril semblait terrible.
Philippe-Auguste vint-il alors, à son tour, se
recommander aux prières d'Alpais? Le document suivant ne permet guère d'en douter.

«Au nom de la Sainte et indivisible Trinité.
«Ainsi soit-il.

«Philippe, par la grâce de Dieu, roi des
«Francs.

«Nous faisons savoir à tous, présents et à

«venir, que la reine Adèle notre mère, a donné
«et concédé aux chanoines de Cudot, en vue
«de Dieu et pour le salut de son âme, et de
«l'âme de son époux notre père, le roi Louis,
«de bonne mémoire, et pour l'amour d'Alpais
«qui mène ici une vie glorieuse et admirable,
«une rente annuelle d'un muid de blé, selon
«la mesure de Villeneuve, à percevoir chaque
«année, sa vie durant, sur ses moulins de
«Villeneuve, le lendemain de la Purification
«de la Bienheureuse Marie.

«Cette donation, en vue de Dieu et pour
«le salut de notre âme, et de l'âme de notre
«père sus-nommé, le roi Louis, nous la faisons
«nôtre, nous la ratifions, et nous ordonnons
«qu'elle demeure stable et à perpétuité.

«Et afin que dans l'avenir cet acte demeure
«ferme et inviolable, nous avons ordonné
«que la présente charte fût confirmée de l'au-
«torité de notre sceau et de l'apposition de
«notre nom royal écrit ci-dessous.

«Fait à Fontainebleau, l'an de l'Incarnation

«du Verbe MCLXXXIIII, (1184), de notre
«règne le cinquième, étant témoins dans notre
«palais les témoins dont suivent les noms et les
«signatures: Comte Thibault, notre sénéchal:
«Guy, bouteiller; Mathieu, chambellan; Raoul.
«connétable.

«Délivrées les présentes de la main de
«Hugues, chancelier.(1)

PLACE DU SCEAU   PHILIPPE, roi.»

Ces témoignages de la vénération de la
reine et du roi prouvent quel grand rôle remplit alors notre humble malade. C'est aussi à
cette époque que les religieux de Citeaux
croient devoir écrire déjà la vie merveilleuse
de l'ancienne bergère. De son vivant même
on rédige sa biographie, et on recueille ses

---

(1) Les témoins de cette charte devaient, six ans plus tard,
signer le testament du roi Philippe-Auguste, partant pour la
croisade. C'étaient les premiers personnages du royaume.

Ceci montre l'importance que le roi attachait à la donation.
Elle ressort encore de la valeur du don lui-même. Le muid de
blé, selon la mesure de Villeneuve, valait deux cents boisseaux.

moindres paroles, comme on le ferait pour une sainte canonisée.

Un moine de l'abbaye des Echarlis, voisine de Cudot, compose l'histoire de la sainte, et c'est sa chronique si digne de foi, qui nous a fourni tous les récits précédents.

Un autre contemporain, le chanoine régulier Robert d'Auxerre qui, lui aussi, vit et entendit souvent la malade, consigne par écrit les choses prodigieuses qu'il a vues et entendues. Un allemand, le moine Césaire d'Heisterbach; un anglais, le moine Raoul de Coggeshall, racontent à la même époque, pour l'édification de leurs compatriotes, la vie de la sainte de Cudot. Toutes les chroniques du XIII⁰ siècle sont pleines de son souvenir.

Cette vie miraculeuse se prolongea jusqu'en 1211. Depuis quarante ans sur son lit de douleur, la malade continuait d'édifier les peuples, de consoler les affligés, de guérir les infirmes, de provoquer l'admiration des pèlerins. Sa patience, sa douceur, son humilité, la couronnaient d'une auréole toujours plus radieuse.

Malgré l'immobilité si cruelle où la paralysie la condamnait, elle se montrait toujours souriante et bonne, affable envers tout le monde, s'efforçant d'être utile. Elle trouvait même moyen, chose extraordinaire, de faire certains petits travaux. Le moine Césaire d'Heisterbach nous a conservé ce trait: Avec l'aide d'une de ses infirmières, Alpais parvenait à se tenir assise dans son lit. Elle n'avait qu'un bras complètement libre. Elle parvenait cependant à laver des linges d'autel et à les plier. Un jour, après avoir lavé un corporal, elle l'étendait sur un linge très blanc posé sur ses genoux, et elle le séchait aux rayons de soleil qui lui arrivaient par la fenêtre. Soudain entre une dame au majestueux visage, portant entre ses bras un petit enfant très beau. La dame dépose l'enfant sur le corporal, et se retire. Ne sachant pas qui est cet enfant, la malade veut l'écarter. Mais le petit enfant se met à parler: «Laissez-moi, dit-il, ce linge est à moi.» Cela dit, il disparaît. Et Alpais comprend que ce petit enfant est le Christ, le Christ qui, voilé sous les apparences du pain, s'enveloppe du corporal sur le saint autel.

Chaque soir, nous l'avons dit, les chanoines de Cudot déposaient sur la poitrine d'Alpais les corporaux de leur église. Peut-être cet acte de singulière vénération leur fut-il inspiré par l'apparition que nous venons de raconter.

Les chroniqueurs contemporains ne nous ont laissé aucun détail sur les derniers jours d'Alpais. Leurs récits nous permettent seulement de conclure que, jusqu'à la fin, la vierge de Cudot conserva les privilèges de sa vie angélique. Depuis quarante années elle était étendue sur cette pauvre couche d'où son âme avait été ravie si souvent par les visions célestes. Ni ses extases, ni ses dons surnaturels, ni la vénération des peuples n'avaient terni son incomparable humilité. «Prophétesse, dit un historien, Alpais n'était point enthousiaste:

voyante, elle n'était point exaltée, thaumaturge, elle ne paraissait point le savoir; vivant d'une vie corporelle qui lui donnait jusqu'à la beauté physique, sans nul breuvage ni nourriture, elle demeurait indifférente à l'admiration que lui valait ce perpétuel miracle.» Sa pensée s'élevait au-dessus des choses de la terre; son cœur n'aspirait qu'à l'éternelle béatitude; tous ses désirs appelaient l'heure si attendue où son âme s'affranchirait pour toujours des liens fragiles qui l'enchaînaient à son corps.

Cette heure sonna enfin. Ce fut le 3 novembre de l'année 1211.

Quand vingt ans plus tard mourut la jeune sainte Elisabeth de Hongrie, (le 19 novembre 1231), le Seigneur fit un touchant miracle. La nuit qui précéda les obsèques, on chantait les vigiles des trépassés; tout à coup, sur le toit de l'église, répondirent de surprenants accords. C'étaient des oiseaux en nombre infini et d'une espèce inconnue: leurs mélodieux

concerts exaltaient la nouvelle sainte et sa-
luaient son âme entrant au ciel.

Que se passa-t-il quand notre douce Alpais
quitta la terre pour le paradis? Nous ne le
savons pas. Les récits des contemporains ne
nous ont pas été conservés. Mais quand on se
rappelle les merveilleuses visions, les admirables extases de la pieuse malade, on suppose
volontiers que son dernier soupir s'exhala
dans une extase suprême. Plus d'une fois, elle
s'était bercée aux accents célestes d'oiseaux
divins dont le nid ne se trouve pas sur notre
misérable terre. Sous son pauvre toit elle avait
vu descendre des colombes angéliques, aux
ailes d'argent, plus éblouissantes que la neige,
et leurs gémissements gracieux avaient char-
mé ses douleurs. Peut-être son âme s'envola-
t-elle avec les colombes, ses sœurs bien-aimées.

Ou bien, sur l'aile puissante de l'ange, son
gardien fidèle, fut-elle tout à coup, comme
dans sa fameuse vision de la Toussaint, transportée avec la rapidité de l'éclair, à travers un

chemin de feu, jusqu'au sein des régions
éternelles, au milieu de ses compagnes, les
vierges bienheureuses; qui, couronnées de
roses blanches, chantent devant le trône de
l'Agneau l'ineffable cantique qu'elles seules
peuvent chanter.

SAINTE ALPAIS, dans ses extases, (vers 1180), contemple l'univers dans son ensemble qui a la forme circulaire et sphérique. — Le soleil plus grand que la terre. — La terre ressemble à un œuf suspendu dans l'espace, entourée d'une ceinture d'eau de tous côtés.

(Chron. de ROBERT d'Aux. à l'an 1180)

Révélations de Sainte Alpais.

CHAPITRE DOUZIÈME

LA CANONISATION DE SAINTE ALPAIS

Depuis onze ans, l'archevêque de Sens était Pierre de Corbeil, un des plus savants et des plus illustres prélats de son siècle. Il n'avait cessé d'entourer Alpais de respect et de vénération. Dès qu'elle fut morte, il glorifia sa tombe. L'admiration publique canonisait l'humble défunte. Le corps d'Alpais fut déposé dans le chœur de l'église construite pour elle; c'est aujourd'hui l'église paroissiale.

On lui érigea d'abord un tombeau élevé. Sur ce monument était couchée une statue de femme, les mains jointes sur la poitrine, la tête couronnée de roses; à ses pieds un agneau. La cellule de la paralytique devint une chapelle annexe de l'église.

Les pèlerins ne cessèrent d'affluer au tombeau d'Alpais, et Dieu glorifia sa servante par d'insignes miracles. Parmi les diocèses qui honorent particulièrement la vierge de Cudot, on cite Sens, Orléans, Auxerre, Troyes, Paris, Langres, Beauvais, Toul, Tulle, Toulouse, Aquilée, Venise, Londres, Ratisbonne, Nuremberg, Florence, Ferrare, etc. Son village prit le nom de Cudot-la-Sainte-Vierge: il garda ce nom jusqu'à la Révolution. Ce nom rappelait le souvenir de la vierge Alpais; peut-être consacrait-il la mémoire de l'apparition de la Mère de Dieu à la modeste bergère.

Pendant la guerre de Cent ans, l'abbaye des Écharlis fut deux fois incendiée, et le prieuré de Cudot, demeure des chanoines, fut démoli de fond en comble. Mais la Providence protégea l'église d'Alpais et son tombeau.

Au XVIe siècle les huguenots ravagèrent tout le pays de Sens, portant partout le fer et la flamme. L'église d'Alpais, cette fois, n'échappa point au désastre; son tombeau fut brisé;

des mains impies mutilèrent sa statue. Néanmoins le cercueil de pierre dans lequel reposaient ses ossements ne fut point violé et resta enseveli sous les décombres. Quand revinrent des jours plus paisibles, les fidèles de Cudot restaurèrent l'église et la tombe de leur sainte patronne.

En 1793, nouvelle profanation de l'église de Cudot. Aucune main impie n'ose toucher cependant au monument d'Alpais. Après la tourmente révolutionnaire, l'église se relève de ses ruines; le culte de Sainte Alpais redevient populaire. Il n'avait jamais cessé de l'être. (1) Les pèlerinages, qui avaient continué aux époques les plus mauvaises, recommencent avec un éclat tout nouveau. Cependant aucun décret officiel n'avait consacré authentiquement la sainteté de l'admirable bergère. Depuis

---

(1) Le registre paroissial mentionne que le 28 juin 1790, (à la veille de la Révolution), « Les habitants de Triguères sont venus au nombre de trois cents en procession, à la bienheureuse Alpais pour avoir de la pluie: ils en ont eu à Douchy, avant que d'arriver chez eux. »

des siècles les peuples ne cessaient de lui rendre un culte.

En voici une preuve digne d'être citée: Après la Révolution, Cudot demeura longtemps sans curé. Une école était installée dans l'ancienne cellule de sainte Alpais. Les pèlerins, en l'absence de tout prêtre, s'adressaient à l'instituteur et le priaient de venir réciter pour eux une oraison auprès du tombeau.

On comprend que le pèlerinage dut refleurir quand Cudot eut recouvré un pasteur. Parmi les curés de Cudot qui montrèrent le plus de dévouement à leur sainte patronne, nous devons citer M. Boulet et M. Boiselle.— M. Boulet, curé de 1858 à 1863, publia le premier une vie abrégée de la Sainte.

En 1867, M. Boiselle et M. le comte de Saint-Phalle adressent à Monseigneur l'archevêque de Sens, les instances les plus vives pour qu'il veuille bien solliciter de Rome la canonisation de l'humble bergère. La dévotion populaire envers sainte Alpais méritait en effet d'être

ratifiée par la voix infaillible du Vicaire de
Jésus-Christ. L'année suivante, 1868, Msr
Bernadou, archevêque de Sens et Msr Dupanloup, évêque d'Orléans, font à Rome toutes
les démarches nécessaires. Un tribunal est
constitué pour procéder aux informations ca-
noniques. M. l'abbé Carlier, chanoine de Sens,
est le président de ce tribunal; le procès
s'instruit sans retard.

Cependant les pèlerinages continuaient à
Cudot. En 1869, le nombre des pèlerins s'élève
à un millier environ. L'année suivante, 1870,
se produit une manifestation extraordinaire.
Une sècheresse désolante compromettait les
récoltes. Les habitants de Chuelles font une
neuvaine à sainte Alpais, et le dernier jour
viennent en pèlerinage à son tombeau. Les
gens de Cudot vont à leur rencontre. La procession se dirige vers la fontaine; on y trempe
le pied de la croix, et beaucoup de pèlerins
emportent avec eux un peu de cette eau
miraculeuse. On reprend le chemin de Chu-

elles. A peine est-on à Villefranche qu'une pluie abondante se met à tomber, à la grande joie des pélerins que comblent de bénédictions tous les villages qu'ils traversent.

En 1870, pendant le concile du Vatican, Mgr Bernadou et Mgr Dupanloup font de nouvelles démarches auprès de la Congrégation des Rites. La cause était alors confiée à S. E. le cardinal Pitra.

Le 7 février 1874, la S. Congrégation des Rites rend un décret approuvé par Pie IX, décret qui reconnaît comme légitime le culte immémorial et non interrompu rendu à la servante de Dieu.

Le 26 août de la même année, ce décret était solennellement promulgué à Cudot. Plus de quinze mille personnes prenaient part à cette fête magnifique. Mgr l'archevêque de Sens était assisté de Mgr Pichenot, archevêque de Chambéry; du R. P. Abbé Dom Moreau, de la Pierre-qui-Vire, et de M. M. Rabotin et Branchereau, vicaires généraux d'Orléans, représentant Mgr Dupanloup retenu par la maladie. Un clergé nombreux entourait les prélats; de hauts fonctionnaires, civils ou militaires, étaient venus aussi affirmer leurs croyances ou leurs sympathies catholiques.

Dans une vaste prairie se dressait une estrade sur laquelle on avait élevé un autel. De superbes peupliers dont la brise balançait les cimes, formaient à la scène un magnifique décor; sur ce fond de verdure brillait l'or des bannières, des mitres et des crosses.

A l'offertoire a lieu une cérémonie qui frappe singulièrement les innombrables témoins. Les prêtres qui ont instruit la cause de la bienheureuse Alpais se présentent au pied de l'autel, un cierge à la main. Le juge offre deux pains, l'un doré, l'autre argenté. Le promoteur offre deux tonneaux, l'un revêtu d'or, l'autre revêtu d'argent.

M. l'abbé Marlange, curé de Triguères, seconde patrie d'Alpais, présente une blanche colombe, poétique image de la Sainte. La colombe s'envole et se pose un instant sur la bannière de Châteaurenard, puis elle prend son essor vers le village de Cudot. Selon la gracieuse remarque d'un Orléanais, « elle ne prit son vol vers l'église de Sens qu'après avoir manifesté ses sympathies pour l'église d'Orléans.»

Le 13 février 1878, M. Boiselle, curé de Cudot-Ste-Alpais, qui déjà avait entrepris de restaurer son église, eut le bonheur, après un long travail et de persévérants efforts, de retrouver le cercueil et le corps de la Sainte. Mgr l'Archevêque vint faire lui-même, le 14 mars, la reconnaissance des saintes Reliques. Ce fut l'occasion d'une grande solennité qui eut lieu le 17 août de la même année. Là encore se trouva Mgr l'Archevêque de Sens, assisté de Mgr Coullié, alors coadjuteur d'Orléans. Toutes ces fêtes donnèrent le plus vif élan à la dévotion envers la chère patronne du pays; les deux pèlerinages annuels furent rétablis, l'un le lundi qui suit le premier dimanche de juin, l'autre le 3 novembre, anniversaire de la mort de sainte Alpais.

En 1889, le cardinal Bernadou voulut bien accorder une omoplate, une clavicule et une côte de sainte Alpais à la paroisse de Triguères, paroisse où, d'après les traditions locales, la pieuse bergère aurait passé une partie de son enfance.

Ce jour-là encore, il y eut une fête splendide. Les reliques avaient été déposées d'abord au château de la Brûlerie. De ce château, on les porta en grande pompe à l'église de Triguères, sur un char superbe tout enguirlandé de fleurs. Des piqueurs à cheval, en grande tenue, escortaient le char de triomphe.

Mgr Coullié, évêque d'Orléans, entouré des dignitaires de son diocèse, précédé et suivi d'une innombrable procession de fidèles accourus de tous les côtés, vint à la rencontre des saintes Reliques jusqu'à moitié chemin de la Brûlerie, et les conduisit solennellement à l'église de Triguères pour les y installer.

Le diocèse de Sens avait aussi envoyé ses

représentants. Une foule empressée formait une couronne d'honneur.

De quelle gloire Dieu couronne ses saints! Sept cents ans auparavant, la petite Alpais allait de Triguères à Cudot, à pied peut-être, ou sur quelque rustique charrette. Qui eût pu prévoir alors qu'elle y reviendrait au milieu de tels hommages, aux acclamations de toute une contrée, et que l'église où si humblement elle avait prié à deux genoux, serait fière de lui offrir une place sur son autel?

En 1891, grâce à l'infatigable dévouement de M. le curé; grâce au concours généreux de bienfaiteurs de la paroisse, au zèle connu de M. l'abbé Millault, curé de St Roch, à Paris, et de dix-huit dames quêteuses, dont les noms sont conservés dans les archives de notre Sainte, un nouveau tombeau était érigé en l'honneur de sainte Alpais, et une magnifique châsse recevait ses reliques.

Le tombeau est dû au ciseau de M. Emile Peynot, grand-prix de Rome. Ce monument

TOMBEAU DE Sᵗᵉ ALPAIS, POSÉ EN 1891.

se compose de huit bas-reliefs; ces bas-reliefs sont séparés par une arcature à colonnettes qui supportent une grande dalle formant entablement. Sur la dalle repose la statue du tombeau primitif de sainte Alpais.

Voici le détail des bas-reliefs:

1° Ste Alpais garde ses moutons.

2° Elle est guérie par la Sainte Vierge.

3° Elle expose aux savants ses révélations sur le système planétaire.

4° Transportée au ciel par les anges, elle contemple, dans une extase le bonheur des Saints, les souffrances du Purgatoire.

5° Elle est communiée par Notre-Seigneur.

6° M. le comte Édouard Charles de Saint-Phalle et M. le curé Boiselle présentent à Mgr Bernadou et à Mgr Dupanloup, une supplique, à l'effet d'introduire à Rome le procés de la reconnaissance du culte de sainte Alpais.

7° N. S. Père le Pape Pie IX, entre le cardinal Pitra et le cardinal Bartoloni, remet le décret de canonisation de sainte Alpais à N. N.

S. S. de Sens et d'Orléans.

8° Proclamation, à Cudot, du décret de canonisation de sainte Alpais.

CONSÉCRATION DE L'ÉGLISE DE S^{TE} ALPAIS

Le 9 octobre 1894, en la fête de St Denis, évêque et martyr, Monseigneur PIERRE-MARIE-ETIENNE ARDIN, archevêque de Sens, accompagné de M. l'abbé Ardin, vicaire général, vient parfaire l'œuvre de ses illustres prédécesseurs, et *consacrer* la vieille église de Ste Alpais, sous le vocable de N. D., comme ancienne patronne principale.—Ste Alpais, patronne secondaire.

Dans le tombeau de l'autel, Monseigneur enferme des reliques des martyrs: St Savinien, Les Quarante Martyrs, Saint Prix et ses compagnons, et de Ste Alpais.

Plusieurs vénérables chanoines de Sens, M. le chanoine Lantier, de Nevers; soixante prêtres des diocèses de Sens et d'Orléans; le conseil de fabrique, les familles de St-Phalle,

Frécault, de Truchi, etc. le commandant des Vosseaux, et le capitaine de Cugnac, etc. etc. étaient venus se joindre aux paroissiens et aux amis du pasteur.

Il semblait à beaucoup d'assistants voir l'âme de Ste Alpais plânant au-dessus de la foule, contempler avec satisfaction les grandes et imposantes cérémonies de la consécration, et promettre d'écouter plus favorablement encore à l'avenir, les prières qu'on viendra lui adresser dans sa chère Eglise.

Notre œuvre est terminée. Nous la déposons respectueusement aux pieds de sainte Alpais. Puisse la bienheureuse bergère jeter du haut du ciel un bienveillant regard sur tous ceux qui honorent sa mémoire et vénèrent son souvenir!

LA CHASSE

DE

SAINTE ALPAIS

(Extrait de la Semaine religieuse de Sens, 30 mai 1891.)

De tout temps, l'Eglise s'est plu à honorer et glorifier ses saints. Nous voyons les souverains pontifes, les évêques rivaliser de zèle pour enrichir les reliquaires destinés à renfermer les corps de ceux qui s'illustrèrent par leurs vertus, et méritèrent le culte solennel des autels.

C'est mû par une semblable pensée, que M. l'abbé Boiselle, curé de Cudot-Sainte-Alpais depuis le 1ᵉʳ juillet 1866, a pris l'initiative de doter son église d'une splendide châsse destinée à recevoir le corps de sainte Alpais, qu'il eut le bonheur de découvrir en 1878. C'était bien à lui que devait revenir cette honorable charge, à lui qui consacre sa vie à faire connaître et aimer l'illustre vierge.

Aussi, chaque année, les pèlerins, heureux de répondre à son appel, accourent-ils plus nombreux aux fêtes du mois de juin, déposer leurs prières et leurs aumônes au tombeau de la sainte bergère. Et en l'année 1891, ces fêtes ont été exceptionnellement brillantes.

Le sarcophage, dû au ciseau de M. Em. Peynot, a été inauguré; et les reliques de la Sainte ont été solennellement transférées dans une châsse, dont la splendeur l'emporte sur celles qui ornent les trésors de plus d'une métropole.

En attendant le 8 juin, cette châsse, fort belle œuvre de l'art religieux, due à l'un de nos bons artistes chrétiens de Paris, M. L. Favier, 25, quai de l'Horloge, a été exposée chez M. le vicaire général Dizien, dans la salle qu'il a consacrée aux œuvres de jeunes gens, et a pu être visitée par les amateurs.

Nous allons essayer d'en faire une courte description qui pourra servir de guide aux vi-

CHASSE DE SAINTE ALPAIS

siteurs et aux pèlerins.

Elle présente la forme oblongue d'un tombeau; aux quatre angles, quatre riches piliers se détachent vivement et supportent une toiture très élégante, dont les deux versants sont assez surélevés pour bien faire ressortir les émaux en médaillons trilobés qui les décorent. Le tout repose sur quatre dragons ou chimères d'un fort bel effet.

Les reliefs, les acrotères, les statuettes et tous les ornements sont, comme la masse entière, en bronze ciselé et doré; les parties plates, les biseaux des socles et des pilastres sont en émail bleu rehaussé d'or.

Les dimensions ont été très heureusement calculées et proportionnées: la longueur est d'un mètre, la hauteur de 0m. 85ᶜ, et la largeur de 0 m. 57ᶜ.

Le style général qui se rattache au roman du XIIᵉ au XIIIᵉ siècle, rappelle ainsi la grande époque à laquelle vécut sainte Alpais, et se trouve en harmonie avec l'église que fit bâtir, *pour servir de chapelle à la sainte recluse*, Guillaume de Champagne, plus connu sous le nom de Guillaume-aux-Blanches-Mains, archevêque de Sens.

Pour résumer notre pensée sur l'ensemble de l'œuvre, nous dirons qu'elle frappe tout d'abord par l'harmonie fortement accusée des lignes, et par le haut relief de l'ornementation. Elle fait naître une impression de force massive plutôt que de légèreté; mais cet air de solidité n'est pas sans grâce, et l'on peut dire qu'elle exprime fort heureusement le caractère même des œuvres de notre Sainte.

Une rapide énumération des principaux détails suffira pour en faire apprécier l'intérêt. Les statuettes abritées sous les arceaux géminés représentent: sur la face principale, au milieu, sainte Alpais et sainte Colombe; un lys, symbole de la pureté, s'épanouit au-dessus de leurs têtes. Sainte Geneviève et sainte Germaine sont placées à droite et à gauche; aux extrémités, saint Cyrille, patron de M. le curé de

Sainte-Alpais, et S. S. Pie IX, qui décréta le culte solennel. Sur l'autre face, au milieu, saint Jean, évangéliste, qui apparut plusieurs fois à la Sainte, et lui ordonna par trois fois de communier sous les espèces entières; saint Guillaume, en souvenir de Guillaume de Champagne qui fit construire l'oratoire ou vécut et mourut sainte Alpais; puis saint Thomas Becket, archevêque de Cantorbéry, qui vint à Sens, apparut à notre Sainte; et saint Benoit, qui lui apparut aussi pour lui signaler des abus. Aux extrémités, saint Bernard, patron du père d'Alpais; et le pape Alexandre III, sous le pontificat duquel vécut sainte Alpais.

Les piliers d'angle, surmontés de quatre agneaux, en souvenir de la sainte bergère, sont ornés de niches dans lesquelles huit anges portent des phylactères rappelant les principales vertus de la sainte recluse: Foi, Espérance, Charité, Piété, Modestie, Pureté, Humilité, Patience.

Sur la toiture, dix médaillons trilobés, peints

sur émail, racontent les grands traits de la vie de sainte Alpais; deux autres sont armoiriés.

1° Alpais, consacrée à Dieu, fait, par la puissance divine, jaillir une fontaine, qui coule encore aujourd'hui. *Alpais Deo devota, fontem usque adhuc manantem divina virtute elicit.*

2° Alpais, rongée par une lèpre abjecte, est visitée et guérie par la Vierge mère de Dieu. *Alpaida lepris tabescentem Virgo Deipara invisit et sanat.*

3° Alpais est visitée dans sa solitude par Guillaume-aux-Blanches-Mains. M. Millault, curé de St Roch, à Paris, zélateur du culte de sainte Alpais, est représenté sous les traits de l'évêque. L'artiste Louis Favier paraît sous les traits de l'architecte auquel Guillaume commande de construire la chapelle. *Alpaida in eremum adit G.-aux-Blanches-Mains, eiq. sacellum et cellam ædificat.*

4° Alpais est saluée par la reine de France Adèle, qui accorde aux chanoines de Cudot un revenu annuel de blé. M. l'abbé Blanchon,

Doyen de Marly-le-Roi, éditeur de la Vie antique de notre chère Sainte, est représenté sous les traits du chancelier de la reine. *Alpaida salutat Adela Fr. reg., canonicisq. Cudoti annual. tritici redditum dat.*

5° Le corps de sainte Alpais est trouvé en 1878 et élevé en présence de Mgr Bernadou, archevêque de Sens, et de Mgr Coullié, alors coadjuteur d'Orléans. M. le curé de sainte Alpais agenouillé tient dans ses mains le Chef de Ste Alpais qu'il présente à Leurs Grandeurs. M. Gustave Julliot qui a pris une grande part à cet acte, paraît derrière les deux prélats. *Alpaidis ossa, anno 1878 inventa, coram eisd. dominis episcopis elevata sunt.*

6° Alpais, transportée par un ange jusqu'à la cour céleste, prend connaissance des merveilles et du bonheur que le Seigneur réserve aux élus. *Alpais in curiam cœlestem ab angelo rapta, mirabilia voluptatemq. Dni videt.*

7° Alpais, brebis bien-aimée du Christ, reçoit le pain des anges des mains mêmes du divin

Pasteur. *Alpais, Christi ovicula, a divino pastore panem angelorum accipit.*

8° Alpais en extase contemple le monde sidéral dans son ensemble et l'explique à des docteurs. L'auteur de la vie de sainte Alpais est représenté sous la figure de l'un de ces savants; le docteur Lambert qui a procédé, comme médecin, à l'élévation des reliques, est représenté sous la figure de l'autre qui porte barbe. *Alpais per extasium mundum universaliter conspicatur et doctores docet.*

9° Une prisonnière, délivrée par les prières de la recluse Alpais, vient la remercier dans sa cellule et lui présente ses chaînes. Le R. P. E. Danjou, de Pontigny, qui a pris une part active à l'élévation du saint Corps, est représenté sous la figure du religieux. *Alpaidis reclusæ precib. mulier carcere educta cellam gratias actura petit.*

10° S. S. Pie IX remet solennellement à M\ugr Bernadou et à M\ugr Dupanloup, évêque d'Orléans, l'acte qui approuve le culte de sainte Alpais.

Derrière les prélats, M. le Curé. *Alpaidis cultum solemniter approbatum dnis Senon. et Aurelian. 'Pius IX nuntiat.*

11° Sceau de S. G. Mgr Dupanloup, évêque d'Orléans, avec la légende: *Sigillum reverendissimi episcopi Aurelianensis.*

12° Sceau de S. E. le Cardinal Bernadou, archevêque de Sens, avec la légende: *Sigillum eminentissimi cardinalis archiepiscopi Senonensis.*

Ces deux derniers médaillons sont exécutés en émaux champlevés, et cloisonnés, ainsi que les armes de Pie IX, de Léon XIII, de la famille de Saint-Phalle, (en souvenir de M. le Cte Édouard Charles), et le monogramme de l'orfèvre, placés sur la face principale de la châsse. De charmantes guirlandes de lis et de roses, symboles de la pureté et de l'amour de Dieu, encadrent la toiture.

Sur les petites faces, moins ornées, on voit, en bas-reliefs, la figure du Christ enseignant; celle de la Vierge-mère; et comme accessoires, un cep de vigne, emblême de l'Eucharistie au-dessus de l'un, et un lis fleuri, emblême de la pureté, au-dessus de l'autre. Des inscriptions gravées sur de petites tablettes portent les noms des principaux bienfaiteurs de sainte Alpais de Cudot.

L'intérieur de la châsse est tout en satin blanc. Un coffre en bois précieux, rehaussé de garnitures d'argent, renferme le corps saint.

La châsse est placée définitivement dans une retraite pratiquée à gauche de la chapelle, (autrefois chambre de sainte Alpais), à l'endroit où, d'après l'histoire, devait être la couchette que la Sainte ne put quitter durant les 40 années de sa vie merveilleuse, et où elle mourut le 3 novembre 1211.

Une reproduction du labyrinthe de de St-Omer, exécuté en mosaïque, forme le dallage de cette retraite. On sait que le *labyrinthe* est le symbole de la vie terrestre qui doit nous mener au ciel. Ste Alpais, l'a parcourue dans ses pénibles dédales. Aujourd'hui son corps vénéré plane glorieusement au-dessus, tandis

que sa sainte âme jouit du bonheur du ciel,
où elle intercède pour nous près de Dieu.

On sortira facilement la châsse les jours de
fêtes, pour l'exposer dans le chœur, et faire vénérer le CORPS SAINT qu'elle renferme.

GLOIRE A DIEU ADMIRABLE DANS LES SAINTS!

COMMENT FURENT RETROUVÉS

EN 1878

LE CERCUEIL DE PIERRE ET LE CORPS

DE SAINTE ALPAIS

A CUDOT-SAINTE-ALPAIS (DIOCÈSE DE SENS)

RAPPORT ADRESSÉ A Mᵍʳ BERNADOU, ARCHEVÊQUE DE SENS,
ET A Mᵍʳ DUPANLOUP, ÉVÊQUE D'ORLÉANS.

Monseigneur,

En 1874, le culte de Stᵉ Alpais fut solennellement reconnu par le Souverain Pontife Pie IX. Aussitôt, encouragé par Votre Grandeur, et par Monseigneur l'Evêque d'Orléans, j'entrepris de reconstruire le tombeau de notre sainte bergère.

L'ancien tombeau fort remarquable avait

été presque entièrement détruit au XVIe siècle, par les huguenots.

On avait élevé, à sa place, un bloc de maçonnerie pierres et terre, recouvert de plâtre orné de moulures. Il mesurait 2 m. 10 cent. de long, 70 cent. de large, et 65 cent. de haut. La belle statue en pierre, du tombeau primitif, restaurée, avait été heureusement remise, couchée sur ce bloc de maçonnerie; et sur un phylactère, aux pieds dela statue, on avait peint: «Tombeau de Sainte Alpaix». — (Tous les anciens documents l'appellent: Aupais, Aupaies, Alpaïs, et Alpais, comme vous m'avez témoigné le désir de voir écrire son nom désormais).

Afin de me procurer les ressources indispensables, je sollicitai par des quêtes la charité des fidèles, et j'organisai une loterie qu'autorisa M[r] le Préfet de l'Yonne.

Des hommes très entendus (entre autres Mgr Crosnier et M. Didron), étudièrent avec un soin attentif le projet du monument futur. Après quoi d'habiles artistes vinrent de Paris pour exécuter le travail. Mon presbytère leur offrit l'hospitalité.

Ces artistes se mirent à l'œuvre. Déjà s'approchait le jour où ils auraient tout terminé. Cependant j'éprouvais en moi une sorte d'instinct irrésistible. Je me sentais pressé de fouiller le sol du tombeau. Que renfermait ce sol consacré? Le Seigneur avait-il daigné nous conserver des reliques de notre Sainte? Nous ignorions que Sainte Alpais eût été inhumée dans un cercueil en pierre. Nous ne savions pas si, après la destruction du tombeau extérieur, les Huguenots n'avaient point cherché plus profondément.

Avant les travaux préparatoires à ces recherches, et au moment de commencer les fouilles, j'ai bien des fois prié Dieu de les diriger, si elles devaient tourner à sa gloire et à celle de notre Sainte. Sinon, de les empêcher, dès le début, par un moyen quelconque, même par la maladie, ou la mort.

Bien des fois aussi, j'ai prié Dieu d'éloigner

de mon esprit et de mon cœur, toute pensée égoïste ou de vaine gloire, rapportant à lui seul le résultat qu'il permettrait.

Pour ne froisser personne, sachant combien dans la contrée on tient au tombeau de Ste Alpais, je commençai par l'entourer d'une boiserie dont un côté mobile me permettrait de chercher, sans qu'on s'en aperçût.

J'enfonçai, d'abord, au-dessus du sol, le côté gauche du monument. Par cette ouverture latérale, je creusai tout l'intérieur, ne laissant guère que l'enveloppe de plâtre qui garnissait encore 3 côtés, et la statue ancienne recouvrant le tout.

Au fur et à mesure de l'extraction, j'emportai les pierres derrière la porte de la chapelle, et les terres dans l'ancien cimetière, au chevet de l'église.

A 40 cent. au-dessous du dallage du chœur, je découvris, sous le monument, une grande dalle de 10 cent. d'épaisseur, dépassant le monument en longueur et largeur. Sur cette dalle j'espérais trouver quelque inscription, ou l'effigie de Ste Alpais. Cet espoir s'évanouit bientôt. La pierre était cassée en 3 principaux fragments: celui du milieu en forme de coin. Or, par un fait providentiel, j'avais commencé la fouille du côté large du coin, mesurant 70^{ct}.

Après des efforts infructueux pour le retirer, je dus prier de nouveau Ste Alpais de m'aider, si elle voulait que je cherchasse plus bas. M'étant repris à dégager le fragment, je l'ébranlai, l'enlevai, et je continuai les fouilles, malgré le découragement qui me prenait souvent, sous l'impression de la crainte de ne rien trouver, après bientôt 700 ans, et tant de bouleversements. . . .

Au-dessous de cette dalle, je rencontrai une terre friable. Puis à 20 cent. plus bas, (à 70^{ct} sous le dallage du chœur,) je découvris une grande tuile, ancienne, posée à plat, et qui en recouvrait plusieurs autres rangées avec soin..

La pensée que ces tuiles n'étaient point posées là par hasard, me remplit d'émotion. Je les retirai toutes avec précaution, et j'aperçus dessous une petite crevasse entre deux dalles...

Serait-ce une nouvelle pierre comme la première, reposant sur la terre? Mais à quoi bon ces tuiles? . . . . . O mon Dieu! me réserveriez-vous le bonheur de découvrir quelque chose ? ? ?

Alors je glissai dans la crevasse un fil de fer de 25 centimètres; en l'agitant doucement, je sentis qu'il tournait dans le vide. . . . Après 15 jours d'un travail lent et difficile, j'étais certainement sur le cercueil de Sainte Alpais! ! ! C'était le 13 Février 1878. Quel bonheur! ! ! quelles émotions! ! ! mes yeux se remplirent de larmes; je ne savais comment témoigner ma reconnaissance au Seigneur.

Continuant mon pieux travail les jours suivants, je déblayai tout ce qui se trouvait entre la grande dalle et ce couvercle. Je déblayai également, au-dessous, ce qui me cachait le côté du cercueil me faisant face. J'en levai ensuite le plan pour vous le soumettre, Monseigneur.

Le couvercle du cercueil est en 4 morceaux posés irrégulièrement, comme l'indiquent les chanfreins qui ne se suivent pas; mais ce qui me fait espérer qu'il reste au moins des cendres de la Sainte, c'est le soin avec lequel on a recouvert tous les joints, pour empêcher que la terre ne pénètre dans le cercueil.

Je n'ai parlé à personne de cette découverte, et personne n'en sait rien, grâce à toutes les précautions prises pour dissimuler mon travail.

Maintenant, Monseigneur, mon œuvre est terminée: j'ai dégagé le cercueil, en enlevant la terre qui le recouvrait et l'entourait; ne touchant en aucune manière au cercueil. J'ignore donc complètement ce qu'il renferme. C'est à vous, Monseigneur, de le reconnaître canoniquement, de l'ouvrir, et d'en authentiquer les précieuses reliques, si le Seigneur comble notre ardent désir d'en retrouver.

J'ai l'honneur d'être, Monseigneur,
de Votre Grandeur,
le très humble et très obéissant serviteur.

C. BOISELLE.

A ce rapport remis à Mgr l'Archevêque de Sens, le 4 Mars 1878, Sa Grandeur répondit: «J'irai le 14 Mars, constater la découverte merveilleuse que vous m'annoncez».

Le 14 Mars, Monseigneur, arrivé de Sens, à 10 heures, s'est rendu près du tombeau.

Après avoir reconnu la rigoureuse exactitude de mon rapport, S. G. me fit descendre dans la fouille, et enlever, sous ses yeux, les dalles recouvrant le cercueil. . . . .

Armé d'un levier, et tremblant d'émotion, je soulevai cette pierre que personne n'avait touchée depuis 667 ans. . . O merveille! tout le corps de la Sainte était là, sans qu'un seul de ses précieux ossements eût été dérangé. . . Mais ils étaient presque enfouis dans une couche terreuse de 3 centimètres. Les inondations que l'église a subies plusieurs fois, avaient fait pénétrer cette terre dans le cercueil en pierre tendre, fendu dans tous les sens, sous le poids des terres, et du monument supérieur.

J'ai sorti le Chef, que Monseigneur, trois

témoins, et moi, heureux chapelain de la Sainte, avons vénéré et baisé.

Les conseillers de la fabrique ont été appelés; les portes de l'église ouvertes, la cloche a joyeusement convoqué les habitants à visiter le cercueil et à vénérer les saintes reliques.

Par un fait providentiel, la fouille sous le monument, la grande dalle dont un coin seulement était enlevé, la disposition de l'extérieur du cercueil, et celle des reliques à l'intérieur, formaient un ensemble de preuves les plus évidentes d'authenticité, et coupaient court à toute supposition malveillante. L'Autorité Ecclésiastique, des hommes compétents qui en ont dressé de longs procès-verbaux, et des centaines de visiteurs et de pèlerins, l'ont constaté.

J'ai reposé le Chef dans le cercueil, que Monseigneur a scellé de son sceau, Sa Grandeur se réservant de revenir avec une Commission médicale, afin de faire examiner scientifiquement ces ossements sacrés.

L'élévation solennelle des reliques eut lieu le 17 août 1878, sous la présidence de Mgr Bernadou, archevêque de Sens, assisté de Mgr Coullié, alors coadjuteur d'Orléans, (aujourd'hui archevêque de Lyon.

Autour de Leurs Grandeurs se pressaient plusieurs vicaires Généraux, le Doyen du Chapitre, des Archiprêtres, des Doyens, le R. P. Danjou, de Pontigny, etc; puis la famille de St Phalle, M. Loitron, ancien maire, M. Lambert, docteur-médecin à Sens, M. G. Julliot, Président de la société Archéologique de Sens, M. E. Benoit, pharmacien de 1re classe à Joigny, etc.

Deux pièces de monnaie de la fin du XIIe siècle, ou au plus tard, du commencement du XIIIe, ont été trouvées, l'une près du cercueil et l'autre dedans, sous la tête de sainte Alpais.

DEO GRATIAS!

C. B.

CURÉ-CHAPELAIN DE SAINTE ALPAIS.

TABLE DES MATIÈRES

Suite et fin de la table des matières, page 242

TABLE DES GRAVURES

LAMPES

Plusieurs lampes sont suspendues devant le CORPS de Ste Alpais. On peut les faire brûler en son honneur:

Pendant une neuvaine— . . . . 2 fr.
    —   un mois —. . . . . 4 fr.
    —   un an . . . . 36 fr.

Les neuvaines de prières commencent le lendemain du jour où la demande a été reçue.

Les neuvaines de lampe commencent aussitôt qu'une lampe est libre.

On peut aussi faire brûler des cierges de 1 fr. 50 cent. et 25 centimes.

PÈLERINAGES SOLENNELS:

LUNDI, lendemain du 1er dimanche de Juin.
LE 3 Novembre, fête de Ste Alpais.
Pèlerinages particuliers toute l'année, surtout les dimanches.

MOYENS DE TRANSPORT:

A SENS, 28 Kil. chez M. Fumerand, loueur de chevaux.
A JOIGNY, 20 kil. chez M. Gâtelier, loueur de chevaux, Quai de Paris, 10 bis.
A St-JULIEN, 12 Kil. chez M. Martinot.
A COURTENAY, 12 Kil. chez . . .

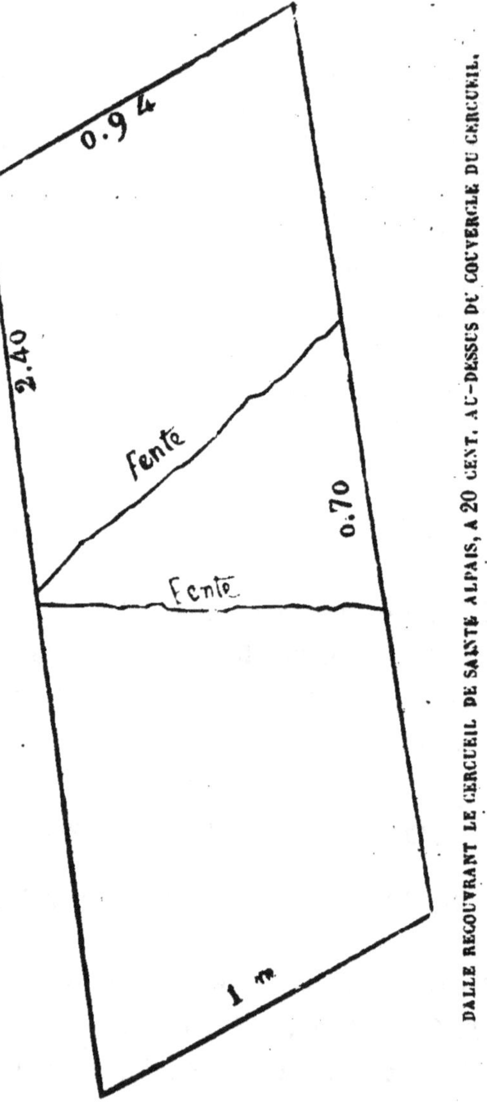

DALLE RECOUVRANT LE CERCUEIL DE SAINTE ALPAIS, A 20 CENT. AU-DESSUS DU COUVERCLE DU CERCUEIL.

SOUVENIRS DE PÈLERINAGE

LA VIE MERVEILLEUSE DE SAINTE ALPAIS, par M. l'abbé H. TRIDON; beau Volume gᵈ in-8° de 668 pages. Avec gravures, 6ᶠ, 50; — sans gravures, 5 francs.

Port, colis postal en sus.

VIE DE LA BIENHEUREUSE ALPAIS, VIERGE, DE CUDOT AU DIOCÈSE DE SENS, 1150 A 1211, PUBLIÉE POUR LA 1ʳᵉ FOIS EN LATIN D'APRÈS UN MANUSCRIT CHARTRAIN DU XIIIᵉ SIÈCLE, ET PRÉCÉDÉE D'UNE INTRODUCTION FRANÇAISE, RÉSUMANT LA VIE DE LA SAINTE, ET REPRODUISANT LES DOCUMENTS HISTORIQUES QUI LA CONFIRMENT, L'ABRÈGENT OU LA COMPLÈTENT.

par l'abbé P. Blanchon, curé-doyen de Marly-le-Roi, (S-&-O) prix *(franco)*. , ... *3 francs.*

VIE DE L'ADMIRABLE SAINTE ALPAIS, par M. l'abbé MARTIN; in-12,—16 gravures,—de XVIII-248 pages; *(franco)* 1ᶠ,50

GUIDE DU PÈLERIN à l'église et au tombeau de Sᵗᵉ Alpais. par MM *** P. PRIEUX; In-12 illustré, de 114 pages; *(franco)* 1 fr.

LITANIES de Sᵗᵉ Alpais; *(franco)*, la douzaine,   0ᶠ, 50

CANTIQUE populaire à Sᵗᵉ Alpais; *(franco)*, la douz.   6ᶠ, 60

HÉLIOGRAVURE de Sᵗᵉ Alpais, (11-7 cent.) 0,15; la douz. 1ᶠ 50

GRAVURE de Sᵗᵉ Alpais, la pièce. 0, 10; la douzaine   1 fr.
   idem, petites, (dentelle comprise, 8 ᶜᵉⁿᵗ. sur 55ᵐᵐ) la douz. 0ᶠ, 60

STATUETTES en plâtre durci, 0ᵐ, 25 centimètres   3 fr.
     id.   id.   0ᵐ, 15   1 fr.
     id.   id   0ᵐ, 10   0 50

(Port en sus.)

MÉDAILLES en argent, la pièce, 0ᶠ, 50; la douzaine,   5 fr.
(Le moindre envoi d'objet en argent coûte 1 fr. port et embal.)
   id. en métal blanc, anneau soudé, la pièce 0ᶠ,10; la douz. 0ᶠ,90
   id. en cuivre argenté, la douz. 30 ou 50 centimes.

CIERGES à 0ᶠ, 25; 0ᶠ, 50; 1 fr., pour faire brûler tous les jours pendant la messe, à 7 h., près de la châsse de Sᵗᵉ Alpais, aux intentions des personnes qui les offrent.

On peut adresser les demandes à M. le Curé, **salle des pèlerins**, à Cudot-sainte-Alpais, (Yonne).

PRIEURÉ DE SAINTE ALPAIS

Le presbytère actuel, des plus modestes, est à 400 pas de l'église.

L'emplacement du prieuré de Ste Alpais, attenant à l'église, a été acheté par M. le Curé, avec l'intention de le rebâtir pour servir de presbytère, et faciliter le service du pèlerinage.

Mais où trouver des ressources? ? ?
Nous n'avons que le travail de la petite imprimerie. Les offrandes des pèlerins sont employées à l'église, à moins d'avis contraire. Dans ces conditions, nous ne pourrions commencer à construire avant cinquante ans. . .

Nous prions Ste Alpais d'inspirer à une bonne âme, assez fortunée, de nous venir puissamment en aide.

Elle pourrait considérer ce bâtiment comme sa maison de campagne durant sa vie, suivant des conditions écrites, arrêtées d'avance. Ou bien on lui trouverait une autre habitation convenable dans le village.

Enfin, cette généreuse personne pourrait terminer ses jours près de Ste Alpais dont l'âme reconnaîtrait au ciel une de ses dévouées zélatrices.